101. Quercus
pedunculata Ehrhart.

101. Quercus
pedunculata Ehrhart.

101. Quercus
pedunculata Ehrhart.

Sammlung AUGUSTINA

ISBN 978-3-649-64589-4
© 2023 Coppenrath Verlag GmbH & Co. KG,
Hafenweg 30, 48155 Münster, Germany
Textsatz und grafische Gestaltung: Heike Kluge
Textsammlung: Judith Pfeiffer-Ley
Redaktion: Kai König

Printed in Latvia
www.coppenrath.de

Der Weg zum Glück führt durch die Natur

Ein literarischer Spaziergang

COPPENRATH

STREIFZÜGE DURCH DIE NATUR

OASEN DER RUHE

Althaea rosea Cav.

BLICK IN DIE NATUR

VOM GLÜCK IM GARTEN

*161. Quercus
pedunculata Ehrhart.*

STREIFZÜGE
DURCH
DIE NATUR

Paula Modersohn-Becker

Briefe an die Familie

Worpswede, Juli 1897

Heute Morgen hatte ich mir vorgenommen, meinen Pinsel
ruhen zu lassen. Ich schnürte den Rucksack und packte mein
Mittagessen und Goethes Gedichte ein und wanderte ins
Moor, an einsam von Kiefern umstandenen Bauernhöfen vorüber, durch die unglaublich grünen Hammewiesen, durch
rote Heide, an schlanken nickenden Birken vorbei. Wo es
am schönsten war, legte ich mich nieder und schaute in die
Wolken, dann schlief ich einmal, dann wanderte ich wieder
ein Stückchen. In mir klang es voll froher Lieder, es war so
friedlich in mir und um mich her.
(...)

Das Leben ist beinahe zu schön für
Euer Kind

Gustave Flaubert

Aus: Über Feld und Strand

Wir sind in ein Tal hinabgestiegen, dessen enger Schlund sich bis zum Meer zu dehnen schien. Hohe Kräuter mit gelben Blüten stiegen uns bis zum Bauch. Wir drangen mit großen Schritten vor. Wir hörten neben uns Wasser fließen und sanken in sumpfigen Boden ein. Die beiden Hügel traten auseinander und trugen immerfort ein kurzes Gras auf ihren trockenen Hängen, die von Zeit zu Zeit wie große gelbe Flecken Flechten unterbrachen. Am Fuß des einen floss ein Bach durch die niederen Zweige der verkrüppelten Büsche, die auf seinen Ufern gewachsen waren, und verlor sich weiterhin in einem regungslosen Tümpel, wo Insekten mit langen Beinen auf den Blättern der Wasserrosen gingen.

Die Sonne brannte. Die Mücken summten mit den Flügeln und beugten die Binsen unter dem Gewicht ihrer leichten Körper. Wir beide waren allein in der Ruhe dieser Einsamkeit.

An dieser Stelle rundete sich das Tal, indem es weiter wurde, und bildete ein Knie. Wir stiegen auf eine Höhe, um dahin zu sehen; aber der Horizont brach, von einem weiteren Hügel eingeschlossen, rasch ab oder er dehnte neue Ebenen. Wir fassten jedoch Mut und setzten unseren Marsch fort, obgleich wir an jene auf den Inseln zurückgebliebene Reisende dachten, die auf die Vorgebirge klettern, um in der Ferne ein Segel zu sehen, das auf sie zukommt.

Das Terrain wurde trockener, die Kräuter weniger hoch; plötzlich zeigte sich das Meer vor uns, eingeengt in eine schmale Bucht, und bald begann ihr Strand aus Madreporen und Muscheltrümmern unter unseren Schritten zu knirschen. Wir ließen uns zu Boden fallen, wir schliefen ein, von Ermüdung erschöpft. Eine Stunde darauf, von der Kälte geweckt, machten wir uns wieder auf den Marsch, diesmal gewiss, uns nicht zu verirren; wir waren auf dem Ufer, das nach Frankreich blickte, und hatten le Palais zu unserer Linken. Auf diesem Ufer hatten wir am Abend vorher die Grotte gesehen, die uns so entzückt hatte. Wir fanden bald mehr davon, höhere und tiefere.

Sie öffneten sich stets mit großen senkrechten oder geneigten Spitzbogen, die ihr kühnes Stabwerk über ungeheure Felsflächen warfen. Schwarz, und violett geädert, feuerrot, braun mit weißen Linien, entfalteten sie für uns, die sie zu sehen kamen, alle Mannigfaltigkeiten ihrer Töne und Formen, ihre Reize und ihre grandiosen Fantasien. Eine war silberfarben und von Blutadern durchzogen; in einer anderen waren Blütenbüschel, die Primeln glichen, auf den rötlichen Granitwänden erblüht, und von der Decke fielen auf den feinen Sand langsame Tropfen nieder, die immer von Neuem begannen. Im Hintergrund der einen schien unter einem länglichen Gewölbe ein Bett weißen und blanken Kieses, das die Flut ohne Zweifel jeden Tag wendete und neu machte (...).

Die Sonne ging unter. Die Flut stieg unten auf die Felsen, die im blauen Abendnebel verschwammen, den auf der Fläche des Meeres der Schaum der rückprallenden Wogen bleichte; auf der anderen Seite des Horizontes sah der von langen

Orangelinien gestreifte Himmel aus wie von großen Windstö-
ßen gefegt. Sein auf den Wogen reflektiertes Licht vergoldete
sie mit schimmernder Wellung; es traf den Sand und machte
ihn braun und ließ darüber eine Stahlsaat glänzen.

Eine halbe Stunde nach Süden streckte die Küste eine Fel-
senreihe ins Meer. Um zu ihr zu kommen, mussten wir von
Neuem einen ähnlichen Marsch beginnen, wie wir ihn morgens gemacht hatten. Wir waren müde, es war weit; aber uns
zog eine Versuchung dort unten hin, hinter diesen Horizont.
Der Windhauch kam in die Höhlung der Steine; die Wasserlachen furchten sich; die Algen, die an den Flanken der Klippen
hingen, erzitterten und auf der Seite, wo der Mond erscheinen
wollte, stieg eine Blässe von unter dem Wasser herauf.

Es war die Stunde, wo die Schatten lang sind. Die Felsen
waren größer, die Wellen grüner. Man hätte meinen können,
auch der Himmel erweitere sich und die ganze Natur wechsle
den Ausdruck.

Wir machten uns also auf, ohne uns um die Flut zu kümmern, noch darum, ob später ein Weg vorhanden sein werde,
wieder ans Land zu kommen. Wir fühlten das Bedürfnis,
unsere Lust bis auf den Grund auszunutzen und es zu kos-
ten, ohne das Geringste zu verlieren. Leichter als am Morgen
sprangen wir, liefen wir ohne Ermatten, ohne Hindernis; eine
körperliche Begeisterung trug uns unwillkürlich fort (...). Wir
schüttelten die Köpfe im Wind und wir betasteten das Kraut
in unseren Händen mit Lust. Wir atmeten den Geruch der
Wellen und sogen alles ein und riefen uns alles wach, was es an
Farben, Strahlen, Gemurmel gab: die Zeichnung des Seetangs,
die Glätte des Sandkorns, die Härte des Felsens, der unter
unserem Fuß erklang, die Höhen der Klippe, den Saum der

Wogen, die Einschnitte des Ufers, die Stimme des Horizonts; und dann strich der Windhauch wie unsichtbare Küsse hin, die uns über die Wangen liefen, der Himmel, an dem schnell ziehende Wolken standen, rollte einen Goldstaub, der Mond ging auf, die Sterne zeigten sich. Wir wälzten uns den Geist in der Verschwendung dieser Pracht, wir weideten unsere Augen daran; wir weiteten die Nasenflügel, wir öffneten die Ohren; etwas vom Leben der Elemente strömte von ihnen aus und kam, ohne Zweifel gezogen von unseren Blicken, zu uns und passte sich an und machte, dass wir sie in einem weniger fernen Verhältnis verstanden, dass wir sie dank dieser komplizierteren Vereinigung näher fühlten. Dadurch, dass wir uns mit ihr durchdrangen, in sie eingingen, wurden auch wir Natur, lösten wir uns in sie auf, nahm sie uns wieder, fühlten wir, dass sie uns besiegte, und unsere Freude darüber war maßlos (...).

380

Heracleum Sphondylium L.

Gemeine Bärenklau.

Theodor Storm

Waldweg
Fragment

Durch einen Nachbarsgarten ging der Weg,
wo blaue Schlehn im tiefen Grase standen;
dann durch die Hecke über schmalen Steg
auf einer Wiese, die an allen Randen
ein hoher Zaun vielfarb'gen Laubs umzog;
Buscheichen unter wilden Rosenbüschen,
um die sich frei die Geißblattranke bog,
Brombeergewirr und Hülsendorn dazwischen;
vorbei an Farrenkräutern wob der Eppich
entlang des Walles seinen dunklen Teppich.
Und vorwärtsschreitend störte bald mein Tritt
die Biene auf, die um die Distel schwärmte,
bald hörte ich, wie durch die Gräser glitt
die Schlange, die am Sonnenstrahl sich wärmte.
Sonst war es kirchenstill in alle Weite,
kein Vogel hörbar; nur an meiner Seite
sprang schnaufend ab und zu des Oheims Hund;
denn nicht allein wär ich um solche Zeit

gegangen zum entlegnen Waldesgrund;
mir graute vor der Mittagseinsamkeit. –
Heiß war die Luft, und alle Winde schliefen;
und vor mir lag ein sonnig offner Raum,
wo quer hindurch schutzlos die Steige liefen.
Wohl hat ich's sauer und ertrug es kaum;
doch rascher schreitend überwand ich's bald.
Dann war ein Bach, ein Wall zu überspringen;
dann noch ein Steg, und vor mir lag der Wald,
in dem schon herbstlich rot die Blätter hingen.
Und drüberher, hoch in der blauen Luft,
stand beutesüchtig ein gewalt'ger Weih,
die Flügel schlagend durch den Sonnenduft;
tief aus der Holzung scholl des Hähers Schrei.
Herbstblätterduft und Tannenharzgeruch
quoll mir entgegen schon auf meinem Wege,
und dort im Walle schimmerte der Bruch,
durch den ich meinen Pfad nahm ins Gehege.
Schon streckten dort gleich Säulen der Kapelle
ans Laubgewölb die Tannenstämme sich;
dann war's erreicht, und wie an Kirchenschwelle
umschauerte die Schattenkühle mich.

Hans Fallada

Aus: Sommerfrische

Noch an demselben Abend ging der Vater nach dem Abendessen mit uns Kindern zum Strand, Mutter und Christa bereiteten unterdes die Schlafgelegenheiten vor. Es war fast noch hell und wir liefen jubelnd vom Feldweg an die Ränder der Kornfelder. Wir pflückten roten Mohn und blaue Kornblumen, rosa Raden und weiße Margeriten. Wir waren Großstadtkinder, es schien uns unbegreiflich herrlich, dass dies alles „umsonst" wuchs, dass wir keiner Blumenfrau dafür Geld zu geben hatten.

Vater ging unterdes behaglich weiter, mit seinem gleichmäßigen Schritt, bald waren wir hinter ihm, bald ihm weit voraus. Er freute sich unseres Glücks, nur mit einem leisen Wort erinnerte er uns manchmal daran, dass wir auch um der schönsten Blumen willen kein Korn zertreten durften. Dann dachte ich an Andersens schönes Märchen von dem Mädchen, das auf das Brot trat, und begnügte mich gerne mit den Blumen am Feldrand. Noch heute empört und betrübt es mich, wenn ich achtlos zertretenes Korn sehe oder eine zerlegene Wiese. Das sitzt seit den Ermahnungen Vaters unverwischlich in mir!

Nun kommen wir in den Wald und es wird dunkler um uns. Wir Kinder halten uns näher beim Vater und fangen an zu lauschen, ob wir schon die Brandung der See hören. Aber Vater sagt uns, es wird heute keine Brandung geben, es ist kaum Wind gewesen am Tag. Und trotzdem hoffen wir und lauschen wir weiter ...

Allmählich wird der hochstämmige Kiefernwald niedriger, er flacht sich gegen die See ab wie ein ungeheures schräges Dach, die Bäume sind alle landeinwärts gewachsen. Immer niedriger werden sie, immer verkrüppelter, hell schimmert es schon vor uns durch sie hindurch.

Nun fangen wir doch wieder an zu laufen, jedes will zuerst die See sehen. Die Kiefern haben aufgehört, wir laufen nun mühsam im Dünensand bergan. Der Strandhafer raschelt, ein kühler Atem bläst uns sanft an.

Und dann stehe ich wieder oben auf der Düne und wie jedes Jahr, wenn wir an der See sind, überfällt mich das altvertraute, und doch immer wieder bestürzende Gefühl der ungeheuren Weite, die sich mir auftut. Zuerst sehe und fühle ich nichts anderes als dies, wie groß das ist, wie es immer weitergeht, auch dort, wo Horizont und Wasser ineinander verlaufen. Mein kleines Jungenherz pocht aufgeregt: Hier stehe ich ja und ich sehe dies. Es ist auch für mich da, und ich gehöre dazu, fühle ich, ohne mich wäre es nicht so da, wie es jetzt ist. Es ist ein Ewigkeitsgefühl, ein Unvergänglichkeitsahnen, das mich überkommen hat. Ich könnte es nicht mit Worten beschreiben, aber ich fühle es ...

Ich bin ein kleiner, kränklicher, von vielen Missgeschicken verfolgter Junge ... Aber hier stehe ich nun auf der Dünenkuppe wie die Gesündesten, und ich fühle dies ... Jedes Jahr überkommt mich zwei-, dreimal angesichts der See dieses Gefühl, dass ich da bin und dass ich da sein muss. Dass die Welt nicht ohne mich da wäre. Es ist ein dunkles stolzes Gefühl, das doch demütig macht. Wenn ich jetzt hinunterlaufe von der Düne, wenn ich die kleinen Plätscherwellen sehe, die auf den flachen Sandstrand laufen, wenn ich Muscheln suche oder die kleinen, frisch gespülten, gelblichen Kiesel, die beinahe Bernstein sein könnten – dann wird auch dieses Gefühl vergessen sein. Wenn ich die Nähe der See anschaue, vergesse ich ihre Weite über den tausend Einzelheiten. Aber ich hatte es und ich habe es noch …

Und nun kommt Vater. Er nimmt mich bei der Hand und führt mich hinunter zu meinen drei Geschwistern, die längst vorausgelaufen sind, und während des Gehens sagt er leise zu mir: „Ist das schön, Hans?"

„Es ist so groß, Vater", antworte ich.

„Ja, es ist groß", bestätigt Vater. „Sehr groß. Wenn du wieder in Berlin bist, vergiss nicht, dass es etwas so Großes gibt. Es gibt viel Großes, Hans, für den Menschen, der es nur fühlen kann, nicht nur an der See oder in den Bergen. Auch in den Büchern und in der Musik, in Bildern und Plastik – aber besonders im Menschen. Es hat sehr große Menschen gegeben, Hans …"

Ich will Vater noch fragen, ob es denn heute keine großen Menschen mehr gibt, aber nun sind wir schon bei den Geschwistern, und alle Größe verschwindet über der wichtigen Frage, ob wir noch waten dürfen …

„Vater, nur fünf Minuten, bitte, bitte!"

Vater hat Bedenken, ob es Mutter auch recht sei. Er weiß auch nicht recht, wie wir uns abtrocknen sollen. Und werden wir uns auch nicht erkälten? Aber dann erlaubt er es uns doch und einen Augenblick später sind wir im Wasser, fühlen die sanfte Kühle, gehen mit unseren befreiten, nackten Füßen über den weichen Sand, sind glücklich. Natürlich werden aus den fünf Minuten doch zehn Minuten, und natürlich taucht der Hans doch trotz aller Vorsicht die aufgekrempelten Hosenränder ins Wasser. Aber heute schadet alles nichts. Nicht einmal unter uns streitgewohnten Geschwistern gibt es ein unfreundliches Wort ...

Eine Stunde später liege ich im Bett. Ede schläft schon, er war so früh aufgestanden und so spät ins Bett gekommen wie noch nie. Auch ich hatte gedacht, todmüde zu sein, aber als ich nun im Bett liege, kann ich nicht einschlafen. Immerzu lausche ich auf die ungewohnten Geräusche. Das Fenster steht weit offen und ich höre das leise Bewegen von Zweigen im kleinen bäuerlichen Blumengarten. Ich höre das Rasseln einer Kette im Kuhstall und ein paar Höfe weiterhin das Bellen eines Hundes. Ich bin so glücklich, dass ich gar nicht einschlafen möchte. Ich möchte immer so wach liegen, es ist schade darum, solch Glück zu verschlafen.

Aber dann rechne ich mir aus, dass noch neununddreißig solche Ferientage voller Glück vor mir liegen, den Abreisetag nicht gerechnet, und wenn ich fünfzehn Stunden an jedem Tag wach bin, so macht das fünfhundertfünfundachtzig Stunden Glück, ohne Schule und andere Sorgen. Das scheint mir eine so ungeheure Zahl, besonders wenn ich daran denke, wie lang eine Lateinstunde ist, dass die Ferienstunden eigentlich nie alle werden können. Abreise und Schulbeginn sind so fern wie der Mond, dessen Strahlen wie ein sanfter heller Schnee vor meinem Fenster leuchten.

Am anderen Morgen wache ich auf, und noch ehe ich meine Augen geöffnet habe, verraten mir die Vögel im Garten, dass ich in den Ferien bin, dass ein unendlich langer seliger Tag vor mir liegt, einer von neununddreißig. Ich denke, es ist noch ganz früh, ich höre Edes sanften Schlafatem. Aber nun tut die Tür sich auf, Mutter kommt herein und ruft: „Aber nun aus den Betten, ihr Langschläfer! Es ist gleich neun! Wer von euch beiden will denn nun die Eier aus dem Hühnerstall holen –?!"

Da springen wir beide aus den Betten und der erste Ferientag beginnt.

Sie haben es gehalten, diese Ferien, was sie versprachen, wie eigentlich alle mit den Eltern verbrachten Sommerferien herrlich waren. Vater hatte trotz seines Aktenkoffers so viel Zeit für uns und auch Mutter saß häufig bei uns, wenn sie meistens dabei auch Bohnen schnitzelte oder Erbsen palte. Die Ferien brachten alle Jahre Kinder und Eltern wieder näher zusammen. Es gab kaum noch Missverständnisse und sehr wenig Unarten. Natürlich muckschten wir manchmal, wenn wir aus dem schönsten Spiel heraus an die Schularbeiten mussten – Vater hielt streng darauf, dass wenigstens etwas getan wurde –, aber das war im Augenblick, wenn wir unsere Hefte zusammenlegten, wieder vergessen.

Morgens ging es regelmäßig an den Strand, aber fast jeden Nachmittag wurde ein langer Spaziergang durch die Wälder gemacht. Vater war unermüdlich, immer neue Ziele zu entdecken oder neue Wege zu alten Zielen. War es aber eines Tages zu heiß, so suchten wir uns eine schattige Stelle am Waldrand und Vater fing an zu erzählen. Er konnte die herrlichsten Geschichten erzählen, und für uns Kinder einer neuen Generation war eine besondere Lichtseite dieser Geschichten, dass es nicht einfache Märchen waren, sondern dass sie alle Bezug auf unser Leben hatten. Sie erzählten uns von dieser Welt, die uns umgab, und machten sie uns fasslicher.

So erzählte uns Vater an einem Nachmittag die Geschichte von den vier Getreidearten, die sich stritten, welche dem Menschen am nötigsten sei. Er berichtete, wie die Getreidearten untereinander ausmachten, dass jede ein ganzes Jahr dem Menschen fehlen sollte, wie die Hühner plötzlich keine Gerste zu fressen fanden und wie die Pferde dem Menschen ohne Hafer fast ausgestorben wären. Dann wiederholte er, was die Berliner alles zu sagen hatten, als ihnen Schrippen und Knüppel fehlten, und wie traurig die Kinder wurden ohne allen Kuchen aus Weizenmehl. Aber am schlimmsten war es doch, als der Roggen nicht mehr wuchs, als kein Brotkorn mehr in die Mühlen kam, als die Bäcker kein Mehl mehr zum Brotbacken hatten. Wie anders redeten da die Berliner, als sie sich plötzlich nur mit Schrippen und Knüppeln ernähren sollten! Und wie weigerten sich die Kinder, ewig nur weißen Kuchen zu essen! Ja, es war eine schlimme, schreckliche Zeit, als Korn fehlte!

Auf dem Heimweg sahen wir Kinder mit besonderer Achtung auf jedes Getreidefeld. Wir wussten sie alle wohl zu unterscheiden: die gelbgoldene Rispe des Hafers von der flachen, begrannten Gerstenähre, den goldigen, fast viereckigen Weizenkolben von dem etwas fahlen hohen Stand des Roggens, in dem die graugrünlichen Körner, mit ihrer Spitze schräg zur Erde weisend, standen.

(...)

Kam aber ein kalter regnerischer Tag und saßen wir in den engen Zimmern Mutter gar zu sehr im Weg und quälten sie mit unseren ewigen Wünschen, so nahm Vater ein Buch aus dem Aktenkoffer und zog mit uns auf den Heuboden oder auf die Scheunendiele, und dort las er uns vor, viele Stunden lang, bis er ganz heiser wurde. Wie viele Bücher habe ich so in den Ferien von Vater vorlesen hören: den Ivanhoe von Walter Scott und den ganzen Max Eyth, von Pyramiden und Dampfpflügen und dem armen kleinen Schneider Berblinger in Ulm, der so gerne das Fliegen erfunden hätte. (...)

Nein, wie eilig flogen die Ferientage dahin. Kaum waren wir erst so recht aufgestanden, so mussten wir schon wieder ins Bett! Nun wurden schon die Blaubeeren reif. Aus dem Wald kamen wir mit schwarzen Mündern heim und mit Flecken in unseren weißen oder weiß-blau gestreiften Sommerblusen, über die Mutter schalt. Und dann gab es nach ein paar Regentagen Pilze über Pilze. Überall drängte dies stämmige Geschlecht aus dem Waldboden und Vater lehrte uns, die nützlichen von den Schädlingen zu unterscheiden.

Diese endlosen Jagden nach Pilzen, immer tiefer in das Herz des Waldes hinein, ohne Weg und Steg! Wenn man dann einen Augenblick stillstand, vom vielen Bücken sauste das Blut noch in den Ohren, aber man meinte das Sausen draußen zu hören, die Stimme des Waldes selbst, als sängen Sommer und Wald gemeinsam ein großes feierliches Lied zu Ehren der Schöpfung, und jede Mücke stimmte mit ihrem Sirr-Sirr darin ein!

Und das Glück, diese Entdeckerfreude, wenn man plötzlich, nach langem vergeblichen Umherstreifen, den Waldboden vor sich gelb werden sah von den Kolonien der Pfifferlinge! Manchmal war es, als bildeten sie fast kreisrunde Dörfer auf dem Waldboden, und dann wieder zogen sie in langen Straßen dahin, die plötzlich aufhörten, rätselhaft warum, und eine Viertelstunde lang wuchs dann weit und breit kein Pfifferling!

Einsam stand dagegen der Steinpilz, das waren ernste Gesellen mit braunem Hut, manchmal mit zwei, drei stämmigen Kindern, schräg gegen des Vaters Fuß gestellt. Mit welcher Spannung schnitt man sie ab und schaute auf die weiße Schnittfläche, ob sie auch madenfrei seien. Und dann wieder streiften wir weit über die Wiesen und suchten Champignons, und wir lernten die verschiedenen Arten genau unterscheiden, den Waldchampignon und den Wiesenchampignon und den Schafchampignon. Der Letzte war aber bei uns der Begehrteste, wenn auch sein Name fast verächtlich klingt.

Kamen wir dann abends müde und hungrig nach Hause, beladen mit Netzen und Körben, so seufzte Mutter wohl über die nicht abreißende Arbeit. Denn die Pilze mussten noch am gleichen Abend geputzt werden, damit sie in der Sommerhitze nicht verdürben. Dann saßen die weiblichen Familienmitglieder noch lange auf, sogar Itzenplitz und Fiete bekamen ein Küchenmesser in die Hand und mussten mithelfen. Wir Jungen aber wurden mit dicken Stopfnadeln bewaffnet und hatten die geputzten und zerschnittenen Pilze auf lange Schnüre zu reihen, an denen sie in der Sommerhitze getrocknet wurden. Wohl schrumpften sie dann ein, wurden schwärzlich und unansehnlich, aber wir wussten, dass sie im Winter in mancher Pilzsuppe, Pilzsoße, Pilzauflauf mit dem ganzen guten Geruch der feuchten Walderde ihre Auferstehung feiern würden!

22. *Taxus baccata L.* **Eibe.**

Julius Rodenberg

Aus: Herbst an den englischen Seen

Inzwischen hatten wir Bowness erreicht und unser Schifflein legte an. Bowness liegt am linken Ufer des Sees, ungefähr in der Mitte seiner ganzen Ausdehnung. Es ist ein gar freundliches Örtchen – halb Dorf, halb Stadt, wie die meisten in diesem Bezirk. Hier liegt ein Häuflein Häuser an und auf einem Hügel beisammen, wie Schweizer Chalets, dort stehen ein paar andere, mit Holzgitterwerk und allerlei Schlinggewächs am Wasser. Eigentliche Straßen gibt es nicht und am Ende führt hier alles zum See hinunter oder vom See herauf.

Von Bowness zieht sich ein anmutiger Gebirgspfad zwischen Wald und Landhäusern zum Dörflein Windermere und einem stattlichen Wirtshaus mit breiter Terrasse hinan, von welcher man einen wahrhaft entzückenden Rundblick über den See und seine Ufer genießt. Zugleich mündet daselbst, dicht unter der Terrasse, aber von Blumen und Bäumen ganz zugedeckt, die Eisenbahn von London, und in diesem abgeschiedenen Idyll von See und Hügel, wo man wie in einer anderen Welt lebt, an jedem Nachmittag die Briefe, die Zeitungen, die Magazine und die Bücher frisch von der Stadt zu haben, ist eine Bequemlichkeit, dergleichen auch nur in England möglich ist.

Am schönsten war es hier oben in den Vormittagsstunden, wenn das Frühstück vorüber war. Draußen auf der sonnigen Terrasse saßen vielleicht noch einige Gentlemen und lasen die „Times" oder lustwandelten unter der Veranda, eine Zigarre rauchend. Dann aber fuhr ein Wagen nach dem anderen ab, das große Haus auf der Spitze des Hügels wurde leer, die Terrasse still, und ich blieb allein mit der Sonne und den Lorbeerhecken. Über diese glänzenden Hecken, durch flüsternde Baumkronen, über die schimmernden Dächer des Dorfes und sanfte Hügel ging der Blick hinab zu dem träumenden See und dem duftschweren Purpurblau seiner waldreichen Ufer. Lieblich dann war's, den Weg hinabzuwandeln zur Seite des Hügels, unter den majestätisch gewölbten Kastanien. Es war so still wie an einem Feiertag, als ob die Natur hier ewig in einem Gottesdienst begriffen sei; nur selten, dass ein einzelnes Wägelchen daherkam oder dass ein Hund anschlug oder ein Glockenton durch die Luft irrte. So still war's, dass man das Beben und Flüstern eines jeden Blattes, das leise Seufzen des Windzuges und jegliche Stimme im Chor der Vögel unterscheiden konnte. Stille Häuser mit schattigen Gärten, in denen zu leben schon ein Glück sein müsste, lagen zur Seite – dunkle Baumgruppen wechselten ab mit grünen Wiesen und duftfeuchte Waldwegen, die tiefer ins Gebirge führten, und überall durch das sonnezitternde Laub hatte man Blicke auf ein Stück blaues Wasser oder blauen Himmel. Solch ein unsagbarer Frieden, solch eine Andacht war ringsum! Und mit einer Empfindung wie Heimweh füllt sich mein Herz, wenn ich jener Tage gedenke, so golden und schön, so sonnig und still! Damals und dort, an den englischen Seen, wenn ich mich auf einen der moosigen Steine niedersetzte, unter den dichten Kastanien, in der balsamischen Frühe des Morgens, hatte ich ein Gefühl, als ob das Leben keine reinere Freude zu bieten habe als solch einen Augenblick seliger Trunkenheit und Versunkenheit in die Natur. Dann spricht der Geist in uns mit dem verwandten Geist, der in der Blume blüht und im Zug des Windes flüstert –, ja, er fühlt sich eins mit ihm in reiner Harmonie, und die Seele beginnt mit jedem Blatt gleichsam, das sich regt, in seiner eigenen Sprache zu reden. Der trübe Flor, welchen der unlautere Beisatz des Tages über ihren Spiegel gehaucht, schwindet fort, und klar wieder einmal darin erscheint das sonnige Bild der Außenwelt mit all seinen Umrissen, seinen duftigen Farben und seinem geräuschlosen Leben.

Der untere Teil des Sees, von Bowness ab bis Newby Bridge, wo er sich in einem brausenden Wasserfall zu verlieren scheint, ist von einer mehr einfachen Schönheit, doch bleibt ihm der Charakter des Lieblichen. Es war in einer jener langen, von Farbe gesättigten Herbstabenddämmerungen, die auf die Stimmung einen so weichen und melancholischen Einfluss üben, als ich mir in Bowness einen Kahn mietete, um den See nach dieser Richtung zu befahren. Die Berge des Hintergrundes verloren sich schon in das tiefe Lila des Abends und ließen dem Auge nur noch die schwachen Linien ihrer Konturen – alles andere schien in Dunst zu brauen – Schlucht, Anhöhe, Tal und Gipfel, ein graues, seltsames Nebelbild. Aber vor uns und um uns war Licht. Zur Rechten ging die Sonne hinter die hohen Gipfel, zuweilen aus einem Einschnitt der Bergkette noch einmal feurig aufflammend; zur Linken schimmerte der bunte Widerschein. Um den Wald hing der zweifache Purpur des Herbstes und des Sonnenuntergangs – das Laub so kraus, so braun, so golden, windbewegt – hier und da ein sanfter Wiesenhang mit weidenden Kühen, ein traulich stilles Haus am Saum des Waldes oder des Wassers – nun blitzte die Sonne noch einmal auf, nun rollte sie zuletzt hinter eine Hügelwand und das Wasser dunkelte in tiefes Stahlgrau ab – immer dunkler und stiller, bis wir ganz allein waren auf dem weiten Wasser, schwarz von den Schatten der Berge, und nichts gehört wurde als die Ruderschläge meines Kahnführers. Nur einmal noch zog ein Schiff vorbei – die „Feenkönigin", mit Musik, welche weich und traumhaft in der Abendstille über dem See verklang. Dann wurde die Einsamkeit der Nacht und des Wassers nicht mehr unterbrochen, und schon war der Himmel golden von jenen großen Sternen, schon hatten die Berge jene Farben tiefen, dunklen Blaues angenommen, welche der Nachtlandschaft etwas so unaussprechlich Feierliches geben, als unser Nachen am Rand des Sees anlegte.

Heinrich Seidel

Aus: Am See und im Schnee

Um diese Zeit geschah es, dass an einem wunderschönen Tag des beginnenden Herbstes Hella ihr Pony satteln ließ, um einen Spazierritt zu unternehmen. Eine klare, sonnige Luft war rings verbreitet, stärkend wie Wein, und aus den dampfenden Morgennebeln war ein goldener Tag emporgestiegen. Es war, als hätte sich die blaue, wolkenlose Glocke des Himmels unendlich erweitert und die Welt sich vergrößert, denn vieles an den dämmernden Höhenzügen des Horizontes, das sonst in blauem Dunst oder matten Schleiern verhüllt lag, tat sich in bestimmten Linien und zarten Umrissen hervor, und an dem Wahrzeichen der Gegend, der Kirche von Borna, die viele Meilen weit sichtbar auf dem lang gestreckten Höhenzug sich zeigte, der den Lauf der Elbe begleitet, konnte man heute alle Fenster zählen. Der Trieb in die Ferne, der solchen Tagen eigen ist, die erfüllt sind von den Lockrufen wandernder Vögel und den silbernen Fäden des fliegenden Sommers, hatte auch Hella ergriffen, und am liebsten wäre sie hinausgeritten in die weite Welt, die heute so sauber und glänzend erschien, so recht wie ein Schauplatz für lauter zierliche und anmutige Abenteuer. Sie dehnte deshalb ihren Ritt heute weiter aus als gewöhnlich, bis sie an die Grenze gelangte, wo an dem Wald des feindlichen Nachbargutes entlang ein wenig befahrener Feldweg lief. Dort ließ sie ihr Pferd im Schritt gehen, und als sie, den Blick auf den herbstlich gefärbten Wald gerichtet, dort entlangzog, wurden allerlei Erinnerungen an längst entschwundene Zeiten in ihr wach. In früheren Tagen, als die Familien noch viel miteinander verkehrten, war man öfters auf halbem Weg in diesem Wald zusammengekommen. Das Gehölz umschloss einen kleinen See, an dessen Ufern sich unter dem Schutz einer alten mächtigen Eiche einige Rasenbänke befanden und eine regendichte Mooshütte errichtet war, die bei ungünstiger Witterung einen Unterschlupf bot. Dort hatten die beiden Familien mit anderen Freunden aus der Umgegend so manches kleine Sommerfest miteinander gefeiert, und oftmals hatte von dort aus das Klingen der Gläser, fröhliches Gelächter und lustiger Gesang durch den Wald geschallt. Aus ihrer frühen Kindheit erinnerte sich Hella so mancher dieser Zusammenkünfte, und besonders die letzte dieser Art, die überhaupt stattfand, war ihr treu im Gedächtnis geblieben. Man hatte an einem wunderschönen Herbsttag dort am See den Geburtstag der Frau Dieterling gefeiert, und Hella erinnerte sich noch sehr wohl ihrer Verwunderung, als sie alle jungen Fichten der Umgegend mit leuchtenden Georginen und Sonnenblumen geschmückt fand, denn im ersten Augenblick hatte sie gedacht, diese Nadelhölzer hätten solchen farbigen Zierrat aus eigenem Vermögen hervorgebracht. Fürchterlich war es gewesen und sie hatte sich sehr die Ohren zugehalten, als Fritz Dieterling zu Ehren des Tages aus einer großen Messingkanone das Echo anböllerte, aber nachher hatte sie selbst über den See hinweggerufen:

„Hella!" Da hatten ihr zarte Stimmen geantwortet, schnell hintereinander weg und immer ferner, wohl viermal, und sie hatte fest geglaubt, dort in dem grünen Dämmer des See-ufers müssten noch andere kleine Mädchen sein, und sie wollte sie holen, um mit ihnen zu spielen. Fritz Dieterling aber hatte überlegen gelächelt und gesagt: „Das ist ja man bloß das Echo, und wenn du spielen willst, dann musst du mit mir spielen. Komm mit, ich weiß was. Was Schönes."

Dann waren sie zusammen in den Wald gegangen, so weit fort, bis sie nichts mehr von der Gesellschaft hören konnten und es ganz einsam und still war, sodass sie nur das Rascheln der Füße im Laub hörten und den seltsamen Schrei eines Vogels über den Wipfeln. Sie hatte gefragt: „Was schreit da so?" Da hatte Fritz geantwortet: „Das ist der Kükewieh!" Als ihr nun bange wurde in der Einsamkeit und weil ihr der Name des Vogels, der so seltsam schrie, graulich vorkam, da hatte Fritz gesagt: „Der Kükewieh tut dir nichts, der frisst man bloß Küken und Gössel, und nun kommt's auch gleich, das Schöne!"

Dann hatte sie alle Angst verloren, denn sie waren an einem Ort angelangt, wo eine Menge von mächtig großen Nussbü-schen ihre Zweige ausbreiteten und teilweise ihren Reichtum an braunen Früchten schon auf das Laub des Bodens gestreut hatten. Nur zuerst hatte sie sich wieder ein wenig erschrocken über den hässlichen, schnarrenden Ruf eines anderen Vogels, der mit lautem Schelten und hörbarem Flügelschlag durch die Zweige entfloh, aber Fritz hatte wieder sehr beruhigend ge-sagt: „Das ist man bloß der Holtschraag, der mag auch gern Nüsse, und sieh mal, da läuft auch ein Katzeicher den Baum in die Höh', der ist auch hier bei gewesen."

Dem braven Fritz waren meistens nur die plattdeutschen Namen der Tiere bekannt, doch zuweilen, wo es sich seiner Ansicht nach gut machen ließ, wie hier beim Katteker, versuchte er eine Übersetzung ins Hochdeutsche. Nun hatten sie Nüsse gesammelt, ganze Taschen voll, bis sie dessen müde waren. Wenn unten nicht mehr genug lagen, war Fritz wie ein „Katzeicher" hineingeklettert in die stattlichen Büsche und hatte geschüttelt, und sie hatte gejauchzt, wenn die glatten, braunen Früchte, die schon lose in ihren Hülsen saßen, auf das welke Laub herniederprasselten. Zum Schluss hatte er dann zwei stattliche, schlanke Ruten geschnitten; an der ihren war ein grüner Busch als Zierde geblieben, an der seinen, die einen Wurfspieß darstellen sollte, war dieser beseitigt, und so zogen sie weiter, indes Fritz mit seiner neuen Waffe unterwegs allerlei ungewöhnlich bösartige, wilde Tiere seiner Einbildung erlegte und so fortwährend den Weg von schrecklichen Gefahren reinigte.

In diesem Gehölz, das nicht gerade nach strengen Gesetzen der Forstwirtschaft behandelt wurde, darum aber desto lieblicher und voller Abwechslung war, befand sich auch eine Anzahl von stattlichen, wilden Obstbäumen, und als sie nun an einen solchen gelangten, der eine Fülle gelblicher Holzbirnen in das Gras zu seinen Füßen gestreut hatte, da erschien Hella dieser Ort mit seinen mannigfachen Gaben fast wie ein Märchenwald, und obwohl diese Früchte herb waren, dass sie den Mund zusammenzogen, so verlieh ihnen doch ein seltsamer Reiz der Neuheit etwas ganz Besonderes. Danach gelangten sie auf eine kleine Lichtung, wo auf einem durch Holzhauer von Graswuchs befreiten Fleck eine Anzahl von übermannshohen Königskerzen aufgeschossen war. Aus den

Büschen am Waldesrand leuchteten die Hagebutten, einige Herbstschmetterlinge gaukelten lautlos umher, und überall hatten die Kreuzspinnen mächtige Netze gewebt, in deren Mitte sie auf die glänzenden Fliegen lauerten, die die Luft durchsummten. (...)

Unter solchen Gedanken war Hella langsam an dem Rand des Waldes entlanggeritten und kam nun an eine Stelle, die stets eine ganz besondere Lockung auf sie ausgeübt hatte. Seit das Zerwürfnis zwischen den beiden Familien ausgebrochen war, bestand ein Verbot ihres Vaters, den Wald des feindlichen Gutes jemals zu betreten, und das war ihr an diesem anziehenden Fleck immer besonders grausam und hart erschienen. Die ragenden Stämme, die den größten Teil des Forstes bildeten, traten dort zurück und umgaben in weitem Bogen eine von niederem Buschholz, blumigen Grasflächen und einzelnen größeren Bäumen erfüllte Lichtung. Unter diesen tat sich eine mächtige alte Eiche hervor, die sich in der Mitte dieses Platzes gleichsam als der König des übrigen Pflanzenwuchses darstellte. In der Umgegend hieß diese Gegend „der Vogelsang", und zwar mit Recht, denn solche Orte lieben unsere Singvögel, und in jedem Frühling war hier ein fast betäubendes Flöten und Musizieren. Auch schien es Hella immer, dass nirgendswo so herrliche Waldblumen zu finden seien wie hier, und im Sommer, wenn ein betäubender Duft von Jelängerjelieber dort wehte, hatte sie als Kind oft sehnsüchtig hinübergeblickt zu den üppigen Himbeerbüschen und den mit blaubereiften Früchten bedeckten Rankenhügeln der Brombeeren.

Auch heute, wo der Gesang der Vögel bereits verstummt war und statt der leuchtenden Blumen nur eine verschiedenartige Färbung des Laubes und das glänzende Rot der Vogelbeeren oder das schimmernde Schwarzblau der Schlehen vorhanden war, übte dieser Ort den alten Zauber auf sie aus. In dem stillen Sonnenschein, der in der geschützten Bucht warm brütete, flogen behaglich die bunten Herbstschmetterlinge, ein Zug zwitschernder Meisen ging von Baum zu Baum, an die feinsten Zweige sich anhäkelnd, in der Ferne hob ein Reh lauschend den Kopf und schritt zögernd und scheinbar widerwillig in Richtung des Hochwaldes; alle schienen gern zu verweilen an diesem freundlichen Ort.

Hella war heute unternehmungslustiger als sonst, sie warf den Kopf auf, als wollte sie sagen: „Ei, warum denn nicht?" Einen Augenblick später war sie vom Pferd, band das Pony am Waldrand an einen Ast und schickte sich an, den Wunsch ihrer Kindheit zu erfüllen, in das verbotene Paradies einzudringen. Als sie zwischen dem Buschwerk durch das hohe Gras dahinging und dazu unternehmungslustig die kleine Reitpeitsche schwenkte, schrak sie doch plötzlich zusammen über den hässlichen, schnarrenden Ruf eines Hähers, der wahrscheinlich in den Nussbüschen eine Nachlese gehalten hatte und nun entfloh. Aber gleich lächelte sie wieder: „Das ist man bloß der Holtschraag", dachte sie mit denselben Worten, die damals Fritz gebraucht hatte. Ob er wohl noch jetzt immer „man bloß" sagte? Und wie er überhaupt wohl jetzt aussah? Als Kind hatte er ein hübsches, gesundes Aussehen gehabt, aber so viele Sommersprossen, dass sein Gesicht anzusehen war wie das gesprenkelte Ei eines Wasserhuhns.

Hella schritt weiter durch das windstille, sonnige Schweigen, nur das Laub raschelte zu ihren Füßen und die Gräser, die ihr Kleid streifte. Sie kam an die alte Eiche, die noch stolz und grün emporragte und eine Unzahl von ihren Früchten in das Gras gestreut hatte. Ein Eichhörnchen rannte in komischen Sprüngen davon und sprang in hastigen Sätzen an der rauen Borke des mächtigen Stammes in die Höhe. „Katzeicher", dachte Hella unwillkürlich und lächelte. Hinter der Eiche senkte sich der Grund zu einem kleinen Erlenbruch, und diesen kleinen Abhang hinab hatte sich ein ungeheurer Strauch von wilden Rosen gelagert. Aber die zarte Pracht seiner unzähligen, blassroten Blüten war längst entschwunden und hatte einer Unmenge von nützlichen Hagebutten Platz gemacht, die wie Korallen leuchteten. So gelangte Hella endlich an das Ende der Lichtung, wo die glatten Stämme schimmernder Buchen emporstanden. Es verlockte sie, zu dem kleinen See vorzudringen, um zu sehen, ob die Mooshütte wohl noch stände, und den Platz wieder zu betrachten, an dem so freundliche Kindheitserinnerungen hafteten. In diesen gewaltigen Buchenhallen war es noch stiller als auf der Lichtung. Die einfallenden Sonnenlichter hoben die aus dem welken Laub aufgetauchten Fliegenpilze in leuchtendem Scharlach hervor, und hie und da standen ganze Gesellschaften anderer Pilze, braun oder golden oder auch weiß, glänzend wie Porzellan. In der Höhe löste sich zuweilen ein reifes, welkes Blatt; man wusste nicht warum, bei der allgemeinen Stille der Luft. Vielleicht, weil ein Sonnenstrahl es traf oder eine Mücke vorübersummte. Dann flatterte es langsam herab, leuchtete noch einmal auf in einem Sonnenstreif, verblasste wieder im Dämmer und legte sich lautlos zu den übrigen. Die Füße Hellas rauschten dahin über diese weiche Decke, die von vielen Herbsten dort aufgespeichert war, zuweilen schrie ein Specht, zuweilen tönte das feine „Sit, sit" eines Baumläufers, zuweilen schlüpfte eine

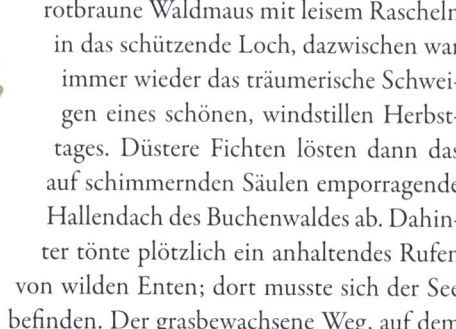

rotbraune Waldmaus mit leisem Rascheln in das schützende Loch, dazwischen war immer wieder das träumerische Schweigen eines schönen, windstillen Herbsttages. Düstere Fichten lösten dann das auf schimmernden Säulen emporragende Hallendach des Buchenwaldes ab. Dahinter tönte plötzlich ein anhaltendes Rufen von wilden Enten; dort musste sich der See befinden. Der grasbewachsene Weg, auf dem Hella jetzt leise dahinschritt, machte eine Biegung, und nun lag in Glanz und Schimmer plötzlich das freundliche Gewässer vor ihr. Sie trat näher zum Ufer, da standen mit lautem Klatschen hinter einer kleinen Rohrbreite eine Anzahl von Enten auf, um zu einer entfernten Stelle des Sees zu flüchten; sie hörte genau das taktmäßige Pfeifen ihrer schweren, aber schnellen Flügelschläge. Zwei scheue Reiher schwankten in der Ferne auf mächtigen, grauen Schwingen um eine bewaldete Landzunge, und ein Kragentaucher war plötzlich von der Wasserfläche verschwunden, um nach einer langen Weile an einer weit entlegenen Stelle wie durch Zauber wieder da zu sein. Die Wellenringe des aufgestörten Wassers schwangen sich in die Weite, allmählich verschwimmend, und bald wieder war der See so glatt wie Glas und schien einzig darauf bedacht, seine buchtigen, in allen Farben des Herbstes schimmernden Waldufer so genau wie möglich abzuspiegeln.

Die Mooshütte war noch da, aber vernachlässigt und verfallen, doch von den Rasenbänken sah man nur verschwommene Überreste, überwuchert von hohem Gras und jungem Buschwerk. Es schien, als sei dieser Platz seit Hellas Kinderzeit niemals wieder benutzt worden und in Vergessenheit geraten. Das junge Mädchen ging an den hohen Ufervorsprung, zögerte ein wenig und sah sich um, rief dann aber mutig ihren Namen über den See hinaus: „Hella!" – Sie erschrak doch ein wenig, als ihre Stimme die Einsamkeit durchbrach und von den Waldbuchten her einige Male klar und deutlich der Ruf zurückkam. Dann lächelte sie aber gleich wieder: „Es ist man bloß das Echo." – Sie dachte jetzt an die Rückkehr und schlug eine andere Richtung ein, um auf einem neuen Weg den „Vogelsang" wieder zu gewinnen. Als sie deshalb zu einem Wiesenstreifen am Ufer des Sees hinabstieg und dort entlangging, wurde sie durch ein plötzliches Rascheln erschreckt, und zugleich erblickte sie eine große Ringelnatter, die sich an ihr vorbei eilig durch das Gras wand und dem mit Weiden vermischten Uferschilf zustrebte. Nun wurde es ihr höchst unbehaglich in dieser Gegend, denn obwohl hier jetzt keine giftigen Schlangen mehr vorkommen sollten, wie sie das den alten Forstmeister und Freund ihres Vaters vielfach hatte versichern hören, so waren ihr doch diese unheimlichen Tiere auch ohne Giftzahn immer sehr verdächtig und unangenehm. Sie erinnerte sich zwar auch an Fritz' Ausspruch von den Snaken, die am Seeufer vorkämen und unschädlich seien, allein besser erschien es ihr doch, diese Gesellschaft zu meiden. Da nun gerade eine Art von Fußsteig auf die Höhe des Uferabhanges zu führen schien, so eilte sie dort hinauf und streifte hastig durch Hasel- und Dorngesträuch dahin. Aber mit dem

Weg war es nur Schein gewesen, bald musste sie sich mühsam durch die Büsche winden, dornige Zweige griffen nach ihrem Kleid und hielten sie auf, und dann, als sie endlich von einem alten Baumstumpf aus mit einem kleinen Sprung das Freie gewinnen wollte, gab das morsche Holz nach, sie glitt aus, erreichte zwar noch eben das gewünschte Ziel, blieb jedoch mit der Schleppe ihres Reitkleides oben an den Dornen hängen, sodass sie dicht an den Busch gedrängt vollständig gefesselt dastand. Ohne sich den Anzug vollständig zu zerreißen, wusste sie sich nun kaum zu helfen, denn die Wendung, die sie machen musste, um ihre Fesseln zu lösen, spannte das Kleid nur immer noch fester an.

Hella stand eine Weile und überlegte, während ihr Herz klopfte, dass sie es zu hören meinte. Dazu kam der unangenehme und aufregende Gedanke an die Schlangen, von denen sie annahm, dass sie in solchen alten, vermorschten Baumstümpfen, wie der in ihrer unmittelbaren Nähe, mit ganz besonderer Vorliebe nisteten. Sie stand eine Weile und überlegte. Es gab ein Mittel, loszukommen, und zwar eines, das wenig Schwierigkeit machte. Wenn sie herausschlüpfte aus ihrem Reitkleid wie eine Nuss aus der Hülse, dann gewann sie Freiheit der Bewegung und konnte die zurückgelassene Kleidung mit Leichtigkeit aus den Dornen lösen. Wenn aber in diesem Augenblick jemand vorbeikäme, ein Jäger oder ein Holzsammler oder gar ein Mitglied der feindlichen Familie! Sie schauderte bei diesem Gedanken. Aber was sollte sie machen? Entweder sich mit kräftigem Ruck losreißen und ihr halbes Kleid in den Dornen lassen oder jenen einfachen Weg ergreifen; anderes gab es nicht. Sie durchspähte den Wald nach allen Richtungen, wandte sich dann und ließ ihre Blicke am Seeufer entlanggleiten: Alles war einsam und durchwebt vom stillen Sonnenschein. Sie presste die Lippen in raschem Entschluss aufeinander, ihr Herz begann schneller zu pochen und mit scheuer Hand fing sie an, die Knöpfe des Reitkleides zu lösen. Aber nicht weit war sie damit gelangt, als mit klatschendem Flügelschlag die Enten an einer anderen Stelle des Sees aufstanden und sie, über dieses Geräusch erschreckt, zusammenfuhr und innehielt. Sie blickte sich ängstlich um. Da am Ufer des Sees in der Ferne über dem Buschwerk war ein Kopf aufgetaucht, ein männlicher Kopf mit einem verblichenen Jägerhut bedeckt, und gleich darauf trat dort eine jugendliche Gestalt hervor, die, mit einem verschossenen Jägeranzug bekleidet, langsam das Ufer entlangschlenderte.

Hella wurde in schneller Reihenfolge dunkelrot und leichenblass, hastete mit verwirrten Fingern, die Knöpfe wieder zu schließen, und spähte dann, von leichtem Laubwerk und dem Schatten des Waldes verborgen, auf den nahen Wanderer hin. Es war ein Jäger, das sagte ihr die Kleidung, und wahrscheinlich oder sicher ein Angestellter des feindlichen Gutes, der den Forst besichtigte. Waffen und Tasche trug er nicht, nur einen einfachen Stock, mit dem er zuweilen einige kunstvolle Lufthiebe ausführte oder eine verspätete Distel köpfte. Der Jäger musste auf seinem Weg nahe an dem Fuß des Abhanges vorüberkommen, und nun galt es zu entscheiden, was zu tun war. Sollte sie sich verborgen halten, bis er vorüber war, oder ihn anrufen, dass er ihr zu Hilfe käme? Um darüber klar zu werden, musste sie erst sein Gesicht genauer sehen, ob es Vertrauen erweckte. Zwar wurde dann ihr komisches Abenteuer der feindlichen Familie bekannt, und es gab für diese etwas zu lachen, allein was machte das, wenn man es nicht hörte?

Der junge Mann kam näher und Hella musste sich sagen, dass er sehr vertrauenerweckend aussähe. Er hatte ein angenehmes und gutes Gesicht und blickte frei und treuherzig aus seinen dunklen Augen; dieser Jäger glich nicht dem bösen Kaspar aus dem Freischütz, sondern dem guten Max. Nur dass er nicht ganz so wabbelig erschien wie dieser. Sie hatte das Gefühl, hier dürfe sie etwas wagen, und als der junge Mann ganz nahe war, wappnete sie sich mit dem ganzen Stolz ihres Mädchentums und mit der Würde und Hoheit, die der Tochter eines Gutsbesitzers zukommen, und rief:

„Sie, Jäger! Kommen Sie hier mal schnell herauf und helfen Sie mir."

Es ist mit Sicherheit festgestellt, dass der junge Mann ziemlich verblüfft ausgesehen hat, als er aus dem schweigenden Wald heraus und mitten in der vermeintlichen Einsamkeit so angeredet wurde, allein er verlor keine Zeit, sondern folgte auf der Stelle diesem Ruf. Man muss ihm ferner das Zeugnis geben, dass er nicht lachte, als er sah, welch ein lieblicher Vogel sich dort gefangen hatte, sondern eine würdevolle Teilnahme bewies, wie es sich ziemt, wenn ein Mitmensch in Not geraten ist. Mit kritischem Scharfblick übersah er sofort die Lage, zog ein schönes festes und scharfes Taschenmesser hervor, klappte es auf und sagte: „Es ist man bloß ... es ist nur dieser eine Dornbusch hier – das wollen wir gleich haben."

Damit setzte er das Messer an und schnitt mit einem kräftigen Zug den Stamm des

Weißdornes durch, sodass Hella auf der Stelle befreit war. Mit den ersten Worten, die der Jäger sprach, waren mit der Geschwindigkeit eines Blitzzuges eine Reihe von Gedanken durch Hellas Köpfchen gefahren, und als sie nun ein wenig rosig angeblümt mit gesenkten Augenlidern dastand und die Schleppe ihres Kleides von den eingedrungenen spitzen Haken des Dornbusches befreite, da wurde es ihr zur Gewissheit, was sie dachte. Er hatte „man bloß" gesagt. Er hatte bei seinen Dienstleistungen den linken Arm, der mit dem Daumen in den zugeknöpften Rock eingehakt war, gar nicht benutzt, sondern das Messer sehr geschickt ausschließlich mit der Rechten geöffnet. Und wie gut und hübsch und heldenhaft er aussah, trotz der Sommersprossen, die sich über seinen Nasenrücken zogen! Sie hatte nun den Dornbusch aus den Falten des Kleides gelöst und warf ihn achtlos beiseite, denn sie wusste ja noch nicht, dass ihr Geschick an diesem grünen Zweig hing. Dann hob sie das Haupt und sah freimütig den Jäger an: „Sie sind Herr Fritz Dieterling!", sagte sie.

„Und Sie Fräulein Helene Maifeld", war seine Antwort.

„Ich danke Ihnen", fuhr sie fort und hielt ihm die Hand hin. Der junge Mann drückte diese sanft und sagte: „Oh, es hat mir viel Vergnügen gemacht." – Hella lächelte unwillkürlich und flüchtig. „Wie lange haben wir uns nicht gesehen!", sagte sie dann. – „An diesem See war es zuletzt", erwiderte Fritz, „ich dachte eben daran, als ich dort unten entlangging." – „Wie seltsam", sagte Hella, „das liegt wohl in der Luft, mir ging es vorher geradeso." Dann seufzte sie ganz leicht, denn es ging ihr durch den Sinn, wie sich die Zeiten so böse verändert hatten. „Damals waren schöne Tage!", sagte sie. – „Die gibt es heute auch noch", sprach Fritz rasch, und Hella schlug die

Augen nieder vor seinem Blick. Dann wandte sie wie suchend und ungewiss den Kopf in die Richtung, aus der sie gekommen war. „Rustan wartet", sagte sie dann und wandte sich zum Gehen. – „Wie, Rustan lebt auch noch?", fragte Fritz rasch, „der muss doch schon uralt sein."

„Es ist sein Nachfolger", sagte Hella, „er ist am Vogelsang angebunden und wartet auf mich."

Damit machte sie eine vornehme kleine Verbeugung und wollte davon, aber Fritz war alsbald an ihrer Seite. „Sie könnten sich verirren", sagte er, „oder noch einmal ..." – hier schwenkte er seinen Stock über die Dornbüsche hin – „wenn es auch nur der Seebusch ist, es ist biesteriges Holz." – Sie schritten eine Weile schweigend nebeneinander hin durch den herbstlichen Wald, ein frühlingsfrisches, junges und blühendes Paar. (...)

Dann sprachen sie allerlei von der Zeit ihrer Kindheit, harmlose Dinge von Pflaumen- und Apfelbäumen, Lieblingstieren und allerlei gemeinsamen kleineren Erlebnissen. Es war, als flüchteten sie sich aus der so hässlich veränderten Gegenwart in jene freundlichen Tage. Dabei gelangten sie an eine Lichtung, die eine kleine Fichtenschonung enthielt im Alter von etwa zehn Jahren. „Hier war es mit der Kreuzotter", sagte Fritz plötzlich.

Hella nahm fast ängstlich ihre Kleider zusammen, sodass Fritz lächelnd bemerkte: „So'n Viehzeug gibt's hier ja gar nicht mehr, ich glaube, das war damals die Letzte ihres Stammes." Aber Hella ging doch ein wenig schneller, und während ihre Blicke über die dunkelgrünen Fichten schweiften, sagte sie: „Alles hat sich verändert seit jener Zeit, das eine ist verfallen, das andere verwachsen."

„Aber wir sind doch die Alten geblieben", sprach Fritz schnell. Ein ganz zartes Rot stieg in ihre Wangen, sie sah gerade vor sich hin, nickte fast unmerklich, und indem sie ebenmäßig weiterschritt, sagte sie leise: „Ich glaube wohl."

(...)

Fritz kehrte langsam auf demselben Weg, den beide vorhin gegangen waren, durch den Wald zurück. Als er an der Stelle angekommen war, wo er Hella aus ihren Fesseln befreit hatte, nahm er den abgeschnittenen Dornbusch auf und betrachtete ihn liebevoll und sorgfältig. Als er einige Zeit später durch den Garten von Wildingshagen auf sein Vaterhaus zuschritt, trug er ihn noch in der Hand.

Johann Wolfgang von Goethe

Gefunden

Ich ging im Walde
so für mich hin,
und nichts zu suchen,
das war mein Sinn.

Im Schatten sah ich
ein Blümchen stehn,
wie Sterne leuchtend,
wie Äuglein schön.

Ich wollt es brechen,
da sagt' es fein:
Soll ich zum Welken
gebrochen sein?

Ich grub's mit allen
den Würzlein aus,
zum Garten trug ich's
am hübschen Haus.

Und pflanzt' es wieder
am stillen Ort;
nun zweigt es immer
und blüht so fort.

Joseph von Eichendorff

Der Garten in der Heimat

Meine frühesten Erinnerungen verlieren sich in einem großen, schönen Garten. Lange, hohe Gänge von gradbeschnit-
tenen Baumwänden laufen nach allen Richtungen zwischen
großen Blumenfeldern hin, Wasserkünste rauschen einsam
dazwischen, die Wolken ziehen hoch über die dunklen Gänge
weg, ein wunderschönes kleines Mädchen, älter als ich, sitzt
an der Wasserkunst und singt welsche Lieder, während ich oft
stundenlang an den eisernen Stäben des Gartentores stehe, das
an die Straße stößt, und sehe, wie draußen der Sonnenschein
wechselnd über Wälder und Wiesen fliegt und Wagen, Reiter und Fußgänger am Tore vorüber in die glänzende Ferne
hinausziehen. Diese ganze stille Zeit liegt weit hinter all dem
Schwalle der seitdem durchlebten Tage, wie ein uraltes weh-
mütig-süßes Lied, und wenn mich oft nur ein einzelner Ton
wieder davon berührt, fasst mich ein unbeschreibliches Heimweh, nicht nur nach jenen Gärten und Bergen, sondern nach
einer viel ferneren und tieferen Heimat, von welcher jene nur
ein lieblicher Widerschein zu sein scheint.

Heinrich Zeise

Waldfrieden

Mich lockt der Wald mit grünen Zweigen
aus dumpfer Stadt und trüber Luft;
es lockt mit seiner Sänger Reigen,
mit seinem feierlichen Schweigen
und seiner Blüten mildem Duft.
Es wölbt sich stolz der Buchen Krone,
und über Kiesel rollt der Bach;
die Drossel pfeift auf grünem Throne,
es spielt der Wind mit Orgeltone
im dichtverschlungenen Blätterdach.
Und welch ein Reichtum in den Weisen,
die in dem kühlen Waldeszelt
bald in Akkorden, milden, leisen,
und bald in vollern mächtig preisen
die reiche, wunderbare Welt!
Am fernen Abhang stehn die Föhren,
dort ruht der Hirsch im kühlen Tann;
sie stimmen auch in vollen Chören,
um nicht die Harmonie zu stören,

ein feierliches Loblied an.
Es fliegt ein Falke durchs Gehege
mit lautem und mit heiserm Schrei;
den starken Fittich schlägt er träge,
hoch über ihm zieht seiner Wege
ein stolzer königlicher Weih.
Und Stille, wie in Kirchenhallen,
senkt sich auf Waldung, Tal und Flur;
des Abends dunkle Schleier fallen,
im trauten Zwielicht hörst du schallen
den lauten Ruf des Uhus nur.
Dann steigt der Mond mit goldnem Scheine
am blauen Himmelsdom empor
und streut sein Gold rings auf die Haine,
auf Feld und Flur, auf grüne Raine,
und auf das düstre, stille Moor.
Die Ruhe, die das All umschlungen,
zieht auch in deine Seele ein;
der innre Zwiespalt ist verklungen,
du hast den Frieden dir errungen,
des Herzens Saiten tönen rein.

OASEN

DER

RUHE

Johanna Romberg

Singstunde mit Rotkehlchen

Vom Beobachten mit den Ohren,
und wie man es am besten lernen kann

Wenn es nicht gerade schüttet oder stürmt oder friert, gehe ich morgens nach dem Aufstehen für eine Viertelstunde raus auf den Balkon. Oder auch für eine halbe. Manchmal nehme ich eine Tasse Tee und mein Fernglas mit. Manchmal auch nicht.

Ich breite eine Wolldecke aus, lege ein Sitzkissen darauf, hocke mich hin und warte. Wobei – warten ist schon zu viel gesagt. Ich sitze einfach nur da. Manchmal sehe ich zu, wie die Sonne aufgeht, meistens ist es aber schon hell, wenn ich rausgehe. Ich bin keine Frühaufsteherin. Ich gehöre auch nicht zu denen, die morgens Gymnastik, Yoga oder andere nützliche Dinge praktizieren. Dazu fehlt mir die Disziplin.

Eine Zeit lang habe ich versucht, auf dem Balkon zu meditieren. Das soll außerordentlich gesund sein. Ich habe mir dafür extra ein Spezialsitzkissen gekauft, auf dem man stundenlang ausharren kann, ohne dass die Beine einschlafen. An manchen Tagen gelingt es mir sogar, für ein paar Minuten innerlich abzutauchen, die Welt um mich herum zu vergessen. Aber das klappt nicht oft. Früher oder später kommen mir immer die Vögel dazwischen.

Man kann Vögel übersehen, wenn man die Augen zumacht, aber sie zu überhören ist schwierig. Ich jedenfalls schaffe das nicht. Wenn ich eine bekannte Stimme höre – und die Vogelstimmen in meinem Garten sind mir alle ziemlich vertraut –, dann notiere ich im Geist automatisch den Namen dazu. Die Gewohnheit sitzt so tief, dass ich sie nur schwer ablegen kann. Und wenn ich ehrlich bin, will ich das auch gar nicht. Weil es mir Freude macht, den Vögeln zuzuhören und sie wiederzuerkennen, jeden Tag aufs Neue.

„Vögel beobachten" – es gibt noch einen Grund, diesen Begriff nicht besonders zu mögen. Weil er nicht nur umständlich, sondern auch irreführend ist. Die meisten denken beim Stichwort „beobachten" spontan an Menschen, die durch Ferngläser schauen. Das ist natürlich nicht falsch. Ferngläser sind wichtig und unentbehrlich beim Vogelbeobachten. Ebenso scharfe Augen, die imstande sind, etwa eine größere Fläche schnell nach beweglichen Objekten zu „scannen". Und ein geübter Blick, der beim Entdecken eines Vogels binnen Sekunden alle seine charakteristischen Merkmale erfasst: Größe, Statur, Haltung und Gefiederfarbe, am besten auch noch Details wie Schnabelform, Brustzeichnung und Länge der Schwungfedern.

Aber selbst die besten Augen und das stärkste Fernglas helfen beim Bestimmen oft nicht weiter.

Es gibt Vögel, die grundsätzlich nie lange genug an einem Fleck sitzen bleiben, um sie richtig ins Visier nehmen zu können. Oder sie kehren einem hartnäckig den Rücken zu. Sitzen zu weit weg oder vor der tief stehenden Sonne, sodass man ihre Farbe nicht erkennt. Oder sie sind so unscheinbar, dass man sie an neun von zehn Malen gar nicht erst entdeckt. Es existieren, ich gebe es ganz offen zu, eine Reihe von Vogelarten, die ich noch nie, wirklich noch nie, zu Gesicht bekommen habe, auch wenn ich ihnen schon begegnet bin – weil sie sich zum Beispiel nur in dichtem Röhricht oder in hohem Gras aufhalten. Trotzdem erkenne ich sie auf Anhieb, wann immer ich sie treffe. Weil sie sich durch ihre Stimme verraten. Jeder Vogel hat seinen eigenen akustischen Fingerabdruck, und es sind, zum Glück, oft gerade die Unsichtbaren und Versteckten, die am lautesten und markantesten singen.

„Vögel beobachten", das heißt für mich auch und vor allem: zuhören. Rausgehen, sich irgendwo hinhocken und alle Aufmerksamkeit auf Stimmen und Laute lenken, am besten mindestens einmal am Tag.

Unter meinen Freunden und Bekannten sind viele Vogelliebhaber; Leute, die bei Spaziergängen gern ein Fernglas mitnehmen, ab und zu ein Bestimmungsbuch aufschlagen und im Winter draußen Futter streuen. Die meisten sagen mir, dass sie gerne öfter und intensiver beobachten würden, nur: Das mit den Stimmen sei so wahnsinnig schwer. So viele und fast immer mehrere gleichzeitig! Wie soll man sie auseinanderhalten? Und, noch schwieriger: Wie prägt man sich ein, zu welchem Vogel sie gehören? Wenn die Tierchen wenigstens das ganze Jahr über singen würden. Aber kaum ist das Frühjahr vorbei, sind alle still, und im nächsten Jahr fängt man wieder bei null an. Sisyphos lässt grüßen.

Ich sage dann immer, dass es Geduld braucht, dass es nie zu spät ist anzufangen und dass es schon ein Erfolg ist, wenn man ein halbes Dutzend der gängigsten Arten „drauf" hat. Aber wenn ich sagen soll, wie man beim Lernen am besten vorgeht und welche Hilfsmittel empfehlenswert sind, bin ich unsicher. Meine eigene Lernzeit liegt Jahrzehnte zurück. Ich weiß zwar noch, dass meine Eltern irgendwann Mitte der 1960er-Jahre eine Schallplatte mit Vogelstimmen kauften, die ich mir oft angehört habe. Ich weiß auch noch, dass während des Gesangs der Nachtigall im Hintergrund eine Kirchenglocke läutete. Aber ich erinnere mich nicht mehr, ob mir das Einprägen schwer- oder leichtfiel. Und wie viele Monate oder Jahre vergingen, bis ich die abgespeicherten Klangmuster auch draußen in der Natur einwandfrei bestimmen konnte.

Vor einiger Zeit las ich ein Interview mit dem US-amerikanischen Ornithologen Donald Kroodsma, der seit über vierzig Jahren Vogelstimmen erforscht und als einer der weltweit führenden Experten für vocal behavior, also „Stimmverhalten" von Vögeln gilt. Er hatte einen Ratschlag für Anfänger, der mir spontan einleuchtete: Man solle, sagte er, beim Erkunden der Vogelwelt genauso vorgehen wie beim Umzug in eine neue Stadt. Also nicht versuchen, auf einen Schlag Dutzende neuer Leute kennenzulernen oder sich möglichst schnell eine maximale Zahl unbekannter Gesichter und Namen zu merken. Sondern lieber zunächst Kontakt zu ein, zwei Nachbarn knüpfen. Sich so gründlich mit deren Eigenarten vertraut machen, dass man sie selbst bei flüchtiger Begegnung auf einer belebten Straße nicht mehr mit anderen verwechseln würde. Wenn diese ersten Bekanntschaften gefestigt genug seien, solle man darangehen, sein „soziales Netz" zu erweitern.

Ich würde Kroodsmas Ratschlag lediglich um einen Punkt ergänzen: Es kommt nicht nur auf die Methode des Kennenlernens an. Sondern auch auf den Zeitpunkt, an dem man damit beginnt.

Die meisten Vogelinteressierten wählen dafür das Frühjahr. In dieser Zeit werden die meisten Ferngläser, Bestimmungsbücher, Vogelstimmen-CDs und -Apps verkauft, und das liegt nahe. In den Monaten ab Mitte März sind Vögel am auffälligsten und am lautesten. Alle Männchen tragen ihr Brut- und Prachtkleid und sehen genauso aus wie ihre Abbilder auf den Farbtafeln der Bestimmungsbücher. Lokale Ornithologen- und Naturschutzvereine laden zu Vogelstimmenexkursionen ein, vorzugsweise in Gebiete, in denen man mit etwas Glück und bei mildem Wetter die ganze Palette der häufigsten heimischen Singvögel rauf und runter hören kann – einschließlich der Zugvögel, die bis Anfang Mai fast alle aus ihren Winterquartieren zurückgekehrt sind. Vor allem im Wald sind viele Arten in Chorstärke vertreten, und die gute Akustik sorgt dafür, dass selbst der zarteste Zilpzalp oder Zaunkönig so klingt, als singe er durch ein Megaphon.

Es ist wunderschön, so ein Vogelkonzert im Frühling. Aber als Anfänger kann man darüber verzweifeln, selbst in Begleitung eines stimmenkundigen Experten. Ich habe das schon mehrfach erlebt, wenn ich mit Freundinnen unterwegs war, die mich um einen Grundkurs in Vogelstimmenkunde gebeten hatten: Selbst wenn ich an jeder Wegbiegung aufs Neue erklärte, dass dies ein Buchfink, jenes ein Waldlaubsänger, das dort hinten eine Singdrossel sei – am Ende hatte ich immer das Gefühl, mehr Verwirrung als Erkenntnis gestiftet zu haben. Und das lag nicht am mangelnden Merk- oder Hörvermögen meiner Freundinnen: Vogelkundler des Naturschutzbunds Deutschland (NABU), die regelmäßig Exkursionen leiten, berichteten mir, dass sie Teilnehmer zu Beginn routinemäßig vor zu hohen Erwartungen an das eigene Hörgedächtnis warnen.

Der Verwirrung entgeht man übrigens auch nicht, wenn man sich strikt an Kroodsmas Ratschlag hält, zuerst seine unmittelbaren „Nachbarn" kennenzulernen. Also nicht zum Stimmenlernen in den Wald geht, sondern nur die Klanglandschaft vor der Haustür erkundet. Auch die kann im Frühling schnell unübersichtlich werden. Bei der „Stunde der Gartenvögel", der jährlichen Vogelzählaktion des NABU Anfang Mai, komme ich regelmäßig auf über ein Dutzend Arten in Hörweite meines Balkons. Und das, obwohl unser Garten mitsamt Umgebung nicht unbedingt ein Hotspot der Biodiversität ist.

Es ist viel entspannter und effektiver, im Winter mit dem Hinhören anzufangen. Die Natur ist stiller, schon weil keine Blätter rauschen, und die Vogelwelt ist überschaubar. Alles, was Laut gibt, ist genau zu vernehmen und, dank fehlender Blätter, meist auch schnell zu sehen. Es gibt natürlich auch Tage, an denen sich gar nichts rührt, aber die sind selten. Selbst wenn ich im dunkelsten Dezember oder frostigsten Januar auf den Balkon gehe, höre ich früher oder später fast immer irgendetwas.

Die meisten Stimmen kommen nicht direkt aus meinem Garten, sondern aus dem Luftraum darüber. Trompetenrufe eines verspäteten Kranichtrupps, der in Richtung Südwesten unterwegs ist. Schreie von Graugänsen, die frühmorgens von den Wiesen in der Elbmarsch aufgebrochen sind und am Abend vielleicht in der Weserniederung einfallen. Sowohl Gänse als auch Kraniche rufen so durchdringend, dass ich sie oft sogar durchs geschlossene Fenster höre. Genau wie die Elstern, die im Winter in Trupps umherziehen, und die Krähenschwärme, die sich in den Baumkronen der umliegenden Gärten zu lautstarken Kongressen treffen. Wenn man Krähen länger zuhört, fällt einem übrigens auf, dass „Krächzen" nur ein Oberbegriff für eine ganze Palette differenzierter Lautäußerungen ist. Eine der auffälligsten, die Krähen in meiner Umgebung von sich geben, ist ein lang gezogenes „Knääät", das unfassbar kläglich und übellaunig klingt. Der Laut erinnert mich immer an ein Kind, das quengelt, weil es endlich an den Computer will.

So interessant Krähen sind – ihr Gesang ist zumindest für mich kein Grund, an kalten Januartagen länger auf dem Balkon auszuharren.

Es gibt einen anderen Wintervogel, dem ich viel lieber lausche. Und wenn ich die Zeit hätte, könnte ich das auch tage- und stundenlang tun, denn er gehört zu den ausdauerndsten Sängern überhaupt.

Das Rotkehlchen singt fast das ganze Jahr über – mit nur einer längeren Pause ab dem Spätsommer bis zum Winteranfang. Dann erheben vor allem diejenigen Vögel die Stimme, die aus nördlichen Regionen zu uns ziehen, um hier die kalte Jahreszeit zu verbringen. Sie singen bei fast jedem Wetter, außer bei starkem Regen und Frost, sie singen morgens und abends, manchmal auch tagsüber, aber lieber noch im Dunkeln, vor dem Morgengrauen und nach Sonnenuntergang. Es gibt sogar Berichte über einzelne Exemplare, die bei einer einbrechenden Sonnenfinsternis anfingen zu singen, oder nachdem man sie in einen dunklen Stoffbeutel gesteckt hatte. Rotkehlchen singen, gefühlt, in jedem dritten Garten, und wer keinen hat, muss nicht weit gehen, um eines zu hören: Es gibt allein in Deutschland um die drei Millionen Brutpaare, die sich im Prinzip überall niederlassen, wo sie etwas Grün mit genügend blickdichtem Buschwerk vorfinden. Es singen die Männchen ebenso wie – seltener – die Weibchen, und Erstere singen fast immer solo: Rotkehlchen sind ausgesprochene Reviervögel; ihr Gesang dient auch dazu, Rivalen im Nachbarrevier auf Abstand zu halten. Das wiederum erleichtert Menschen das Zuhören, weil man die einzelne Stimme nicht aus einem Chor von Artgenossen herausfiltern muss.

Und wie klingt sie nun, diese Stimme?

Ich könnte es mir jetzt einfach machen und sagen, geben Sie den Namen im Internet ein und hören Sie sich die erstbeste Tonaufnahme an, die Sie finden. Es gibt mittlerweile kaum noch einen Vogellaut, der nicht digital abrufbar wäre; Datenbanken oder spezielle Apps bieten sogar die Stimmen seltener Arten in meist mehreren Variationen. Und bei häufig vorkommenden Vögeln wie dem Rotkehlchen hat man die Auswahl zwischen Hunderten von Aufnahmen.

Aber ich möchte es mir nicht einfach machen. Ich möchte zum einen erklären, warum mich gerade der Gesang des Rotkehlchens so fasziniert; zum anderen möchte ich den

Autoren einiger Vogelbücher und Webseiten widersprechen, die ihn als „unverkennbar" bezeichnen. Ich finde, er ist alles andere als das: nicht nur schwer zu erkennen, sondern auch fast unmöglich zu beschreiben. Er gehört zu den Gesängen, die ich erst relativ spät entdeckt habe, und es hat auch einige Zeit gedauert, bis ich ihn zu jeder Jahreszeit sicher „erhören" konnte.

Wenn man die Vogel(stimmen)welt nach dem Prinzip Kroodsma erkundet, also wie ein Neubürger eine Stadt voll unbekannter Menschen, dann stellt man bald fest, dass es unter ihren Bewohnern verschiedene Typen gibt. Solche, die einem das Kennenlernen leicht machen, und andere, die sich eher entziehen.

Es gibt Stimmen-Typen, die einem auf Anhieb vertraut sind wie alte Bekannte. Weil sie besonders markante Merkmale haben, oder auch, weil sie insgesamt eher schlicht gestrickt sind. Weil sie immer die gleichen eingängigen Floskeln wiederholen, die man schon bald in- und auswendig kennt.

Andere „Nachbarn" muss man sich dagegen erhorchen, mit viel Geduld und Aufmerksamkeit. Entweder sind sie so unauffällig oder einsilbig, dass man sie ständig überhört. Oder ihr Wesen ist so vielschichtig und schillernd, dass es Wochen und Monate dauert, bis man es in all seinen Facetten zur Kenntnis genommen hat. Es sind, nicht überraschend, vor allem diese „schwierigen" Typen, denen man besonders gern zuhört – sie werden einfach nie langweilig.

Zu den schlichteren Charakteren der Vogelwelt gehören, stimmlich gesehen, etwa Kuckuck und Zilpzalp. Ihre Namen sind die laut-
malerische Übersetzung ihres Gesangs. Den
Ruf des Kuckucks erkennen auf Anhieb sogar
Menschen, die sonst weder Blicke noch Ohren
für Vögel haben, und auch für den Zilpzalp muss
man nicht lange üben. Professoren bezeichnen ihn auch als
„Studentenvogel", weil er in der Regel der einzige heimische
Sänger ist, den angehende Biologen im ersten Semester be-
nennen können.

Wenn man im Winter mit dem Vogelstimmenhören beginnt, helfen Zilpzalp und Kuckuck allerdings nicht weiter,
denn beide treffen erst im Frühjahr wieder in Europa ein, der
eine ab Mitte März, der andere erst ab Ende April. So bleibt
einem nichts anderes übrig, als sich ausgerechnet am Anfang
auf eine der schwierigsten Stimmen aller heimischen Vögel
einzulassen.

Über den Gesang des Rotkehlchens heißt es, dass er 275
unterscheidbare Motive aufweise. Das habe ich allerdings nur
gelesen; es stand nicht dabei, mit welcher Methode die Werte
ermittelt wurden. Ich bin mir nur sicher, dass ich es nie nach-
prüfen könnte.

Wenn ich das Rotkehlchen-Lied in einem Satz beschreiben
sollte, dann ganz anders: als ein Lied ohne Eigenschaften. Es
hat, zumindest für menschliche Ohren, keine unverwechselbaren Kennzeichen: keine Melodie, keinen Rhythmus, keine
Laute, die an Sprechsilben erinnern. Oft hat es nicht einmal
einen erkennbaren Anfang oder ein Ende. Wirklich nichts, an
dem man sich beim Zuhören festhalten könnte.

❖ ❖ ❖

Der Meister-Zuhörer Donald Kroodsma hat einen Tipp, wie man sich auch solche Stimmen aneignen kann. Man solle, sagt er, nicht versuchen, einen Vogel nur zu identifizieren, sondern sich vielmehr mit ihm identifizieren. Ihn als Individuum wahrnehmen, nicht nur als Vertreter einer bestimmten Spezies. Sich so lange und intensiv in ihn hineinhorchen, bis einem sein gesamtes Lautrepertoire vertraut ist, seine besondere Art, sich auszudrücken – einschließlich der persönlichen Nuancen und Varianten.

„Tiefes Zuhören" nennt Kroodsma diese Methode der Naturwahrnehmung. Auch das finde ich sehr nachahmenswert, aber ich bin nicht sicher, ob es gerade Anfängern wirklich weiterhilft. Ich würde mir bis heute nicht zutrauen, die verschiedenen Vogelindividuen in meinem Garten sicher am Gesang zu unterscheiden – und das, obwohl ich ihnen Jahr für Jahr viele Stunden zuhöre. Allein mit den Amseln wäre ich schon überfordert; in Hörweite meines Balkons gibt es mindestens fünf oder sechs – schwierig bis unmöglich zu erkennen, welche von ihnen sich gerade hören lässt.

Es gibt aber eine Variante des „tiefen Zuhörens", von der ich aus eigener Erfahrung sagen kann, dass sie ganz gut funktioniert. Sie ist, soweit ich weiß, noch von keinem Experten empfohlen oder in irgendeiner wissenschaftlichen Studie getestet worden, aber ich bin sicher, dass sie auch von anderen Vogelkundlern schon entdeckt worden ist und erfolgreich praktiziert wird.

Die Methode besteht darin, einem Vogel in Ruhe zu lauschen, ohne dabei irgendetwas „festhalten" zu wollen. Den

Gesang einfach auf sich wirken zu lassen, so, wie ein Baby die Stimmen seiner Umgebung auf sich einrauschen lässt: konzentriert, aber absichtslos, ohne den Versuch, sich irgendetwas zu merken, irgendwelche besonderen Kennzeichen herauszuhören. Das Wiedererkennen und Verstehen passiert dann früher oder später von ganz allein.

Das mit dem „Verstehen" ist natürlich nicht wörtlich gemeint. Aber es gibt einen Punkt, an dem man spürt, dass die Stimme im Kopf „angekommen" ist, dass sie etwas auslöst. Ich merke das daran, dass sich beim Zuhören Bilder vor mein inneres Auge schieben. Beim Rotkehlchen zum Beispiel sehe ich einen Wassertropfen vor mir, sehr kühl und sehr klar, der an einer Fensterscheibe herunterrinnt. Nicht gleichmäßig, sondern stockend, in einer unregelmäßigen Zickzackbahn. Er schwillt an, wird dann wieder zu einem Rinnsal. Und versickert irgendwo außer Sichtweite.

Manchmal sehe ich auch eine Gestalt, die sich auf einen zugefrorenen See wagt. Sie tastet sich vor, sehr unsicher auf den Beinen, glitscht immer wieder nach links und rechts aus. Und hinterlässt eine zittrige Spur, die der Schnee sofort wieder verweht.

Diese Bilder sind natürlich völlig subjektiv; jeder findet beim Zuhören seine eigenen. Aber sie helfen, die dazugehörige Stimme dauerhaft im Gedächtnis zu verankern. Irgendwann verschmelzen Bild und Stimme so, dass man das eine gar nicht mehr ohne das andere denken kann. Mir passiert es mittlerweile gelegentlich, dass ich beim Anblick einer verregneten Fensterscheibe automatisch den Gesang des Rotkehlchens im Kopf höre.

Es sind nicht nur die komplizierten, ausdrucksstarken Stimmen, die Klangbilder heraufbeschwören. Die Kohlmeise etwa hat einen Ruf, der nur aus drei Silben besteht, die mehrmals wiederholt werden. „Zizi däh, zizi däh, zizi däh." Es ist tatsächlich nur ein Ruf von vielen; die Kohlmeise hat ein so umfangreiches Lautrepertoire, dass sie selbst erfahrene Beobachter gelegentlich verwirrt. Aber fast alle Laute klingen in meinen Ohren irgendwie „meisig". Ich merke das daran, dass ich beim Hören einen bläulichen Eiskristall vor mir sehe, den jemand im Sonnenlicht rhythmisch hin und her bewegt. Dass es ein frostiges Bild ist, ist sicher kein Zufall: Kohlmeisen gehören ebenfalls zu den Vögeln, die mitten im Winter zu hören sind, vorzugsweise an sonnigen Tagen.

Es gibt zwei Wintervögel, zu deren Stimmen mir bislang keine Bilder eingefallen sind. Was vor allem daran liegt, dass ich sie zumindest akustisch noch nicht so lange kenne. Optisch sind beides alte Bekannte. Der Erlenzeisig fällt regelmäßig über unser Futterhaus her – „herfallen" ist das richtige Wort, denn diese Vogelart fliegt meist in Pulks ein, die andere Gäste sofort in die Flucht schlagen. Man erkennt Erlenzeisige äußerlich leicht, denn sie sind ziemlich lebhaft grün-gelb-schwarz gemustert. Seine Stimme aber ist mir über Jahre buchstäblich entwischt: ein hauchzartes, flüchtiges, wieselschnelles Wispern, mit einem seltsam starren Sirr-Ton in der Mitte. An diesem Ton habe ich den Gesang schließlich „zu fassen" bekommen. Der Ton dauert nur eine Sekunde an und klingt irgendwie elektrisch, wie ein surrender Telegrafendraht. Man könnte auf die Idee kommen, ein heimtückischer Computerbastler hätte den Ton in den Gesang des Zeisigs einkopiert – so technisch, so unnatürlich wirkt er. Beinahe schon unheimlich. Und, hier stimmt das Wort wirklich: unverkennbar.

Der zweite Vogel, dessen Stimme ich erst kürzlich kennengelernt habe, ist der Dompfaff. Die meisten neueren Bestimmungsbücher führen ihn unter „Gimpel", aber seinen zweiten Namen finde ich viel treffender, ebenso seinen englischen: bullfinch, wörtlich übersetzt Bullenfink. Beide Bezeichnungen beziehen sich nämlich auf die wuchtige Gestalt des Vogels, und an der liegt es vor allem, dass mir seine Stimme so lange entgangen ist: Beides passt irgendwie nicht richtig zusammen.

Wenn man den Dompfaff in einem Busch hocken sieht, bullig, schwarzköpfig, dickschnabelig, das Männchen mit leuchtend kardinalsrotem Bauch, dessen Farbe es den Namen „Dompfaff" verdankt und der aufgeplustert fast wie ein Wanst aussieht – wenn man das sieht, dann erwartet man einen Ruf, der schmetternd und sonor klingt, so wie das Organ eines Domherrn, das von der Kanzel mühelos bis in die hintersten Kirchenbänke dringt. Stattdessen kommen zwei zarte Pfeiftönchen, denn der Vogel hat geradezu eine Fistelstimme. Das einzige Bild, das mir bislang dazu eingefallen ist, sind zwei kurze, leicht abfallende Buntstiftstriche auf einem Blatt Papier.

Der eigentliche Balzgesang ist noch unauffälliger: eine Serie von leisen Pfeif-, Tick- und Knirschlauten, die eher wie eine Aufwärmübung zum Singen wirken denn wie ein richtiger Gesangsvortrag.

Ich war trotzdem begeistert, als ich den Dompfaff zum ersten Mal vom Balkon aus singen hörte. Und kurz darauf sogar sah – dank einer gärtnerischen Grundsatzentscheidung, die wir gleich beim Kauf unseres Hauses gefällt hatten: keine Koniferen und Rhododendren auf unserem Grundstück zu pflanzen und die vorhandenen, so weit wie möglich, zu entfernen. Fast alle Büsche und Bäume, die ich von meinem Balkon aus sehen kann, sind daher im Winter kahl. Das sieht natürlich an manchen Tagen spröde aus, aber es hat einen entscheidenden Vorteil: Was immer zwischen November und Ende März unseren Garten anfliegt, entgeht mir so gut wie nie, erst recht nicht, sobald es den Schnabel aufmacht.

Wenn ich einem Vogel zum ersten Mal beim Singen oder Rufen zusehe, dann ist es oft, als wenn etwas „Klick" macht im Kopf. Als würde ich ihn erst in diesem Moment wirklich kennenlernen. Und manchmal ist das tatsächlich so: wenn es mir beim Zusehen gelingt, einen bis dahin unbekannten Laut erstmals zuzuordnen. Mich versetzt das in ähnliche Hochstimmung wie die erste Sichtung des Vertreters einer Art, die ich bis dahin noch nie in natura gesehen habe.

Ich hatte die beiden zarten Pfeiftöne zwar vorher schon vernommen, aber nur selten und nie richtig bewusst – vielleicht auch, weil sie so ähnlich klingen wie ein Pfiff aus einem Menschenmund. Kaum hatte ich sie identifiziert, hörte ich es plötzlich ständig irgendwo pfeifen. Das war keine Sinnestäuschung; bei anderen „neuen" Lauten ist es mir meist ähnlich gegangen. Vögelbeobachten hat eine langfristige Nebenwirkung: Je länger und genauer man hinhört und -sieht, desto mehr nimmt man wahr, desto schärfer werden die Sinne. Ich glaube, es ist nicht falsch, von einer milden Form von Bewusstseinserweiterung zu sprechen.

65

Bis heute löst das Pfeifen eines Dompfaffs bei mir übrigens einen Reflex aus: Ich muss sofort nach meinem Fernglas greifen, notfalls ins Haus gehen, um es zu holen. Es ist ja kein Zufall, dass der Dompfaff einer der meistgemalten Vögel der Kunstgeschichte ist und bis heute, neben dem Rotkehlchen, eines der beliebtesten Motive für Postkarten oder die Cover von Bestimmungsbüchern: Er sieht einfach spektakulär aus, mit diesem großen roten Bauch, der inmitten einer stumpf graubraunen Wintervegetation besonders auffallend leuchtet. Auch das Weibchen ist markant: nicht rot, aber genauso groß und bullig, mit der gleichen lackschwarzen Kopf- und Augenbedeckung, dem mächtigen Schnabel, den scharf abgesetzten weißen Flecken an Flügeln und Schwanzwurzel. Und es singt auch. Wenn ein Dompfaff pfeift, weiß ich, dass ich mit etwas Glück gleich zwei zu sehen bekomme; Weibchen und Männchen sind fast immer gemeinsam unterwegs und halten, zart pfeifend, Verbindung zueinander.

Nach dem Umzug in eine neue Stadt kommt früher oder später der Moment, an dem man das Gefühl hat, halbwegs angekommen zu sein. Man ist den Nachbarn oft genug begegnet, um sie nicht mehr zu verwechseln; manche kommen einem schon wie alte Freunde vor. Diese Vertrautheit ist eine gute Ausgangsbasis, um neue Bekanntschaften zu schließen.

Zwischen Mitte und Ende März landen die ersten Zugvögel in meinem Garten, meist macht der Zilpzalp den Anfang. In den folgenden Wochen verschwinden Dompfaff, Zeisig und Rotkehlchen zusehends aus meinem Blick- beziehungsweise Hörfeld. Sie ziehen sich aus meinem Garten in die Wälder der Umgebung zurück oder auch in ihre weiter nördlich gelegenen Brutgebiete – ein Teil von ihnen sind Zugvögel, die nur den Winter in Mitteleuropa verbringen. Das Rotkehlchen ist vergleichsweise ortstreu, aber seine Stimme geht vor allem tagsüber im Chor der vielen anderen unter, die markanter und zum Teil auch lauter singen. Morgens vor Sonnenaufgang, wenn es noch allein singt, verpasse ich es meistens, weil ich zu spät aufstehe.

Aber manchmal gehe ich auch abends auf den Balkon, wenn es schon dunkel ist. Hocke mich auf mein Kissen, schließe die Augen und lasse die letzte Vogelstimme des Tages auf mich wirken. Sehe zu, wie vor meinem inneren Auge die Tropfen ihre Spuren ziehen, zittrig und im Zickzack, aber sehr kühl und sehr klar. Wenn sie lange genug fließen, gelingt es mir manchmal, darin einzutauchen und für ein paar Minuten an nichts zu denken. Wirklich an nichts.

GRENADILLE FÉTIDE.

Auguste Kurs

In den duftenden Frühling will ich hinaus

In den duftenden Frühling will ich hinaus,
hinweg aus dem kalten, beengenden Haus
in die freie verlockende Weite.
Was soll mir der Bücher verdrießlicher Kram,
die ich immer und immer vergeblicher nahm,
ich werfe sie freudig zur Seite.

Denn find' ich nicht draußen der Blätter genug?
Da schimmert geheimnisvoll jeglicher Zug
von des Ewigen eigenen Händen,
das wieget die übrigen Lettern wohl auf,
so will ich denn auch in geflügeltem Lauf
von dem einen zum andern mich wenden.

Da bin ich nun draußen und blicke umher,
wie wird das Studieren schon wieder mir schwer,
hier unter den blühenden Bäumen!
Sie senden schon Blüte auf Blüte mir zu,
so will ich hier rasten in seliger Ruh
und will nur genießen und träumen.

68

Rainer Maria Rilke

Aus einem Brief an seine Ehefrau Clara

Schloss: Haseldorf in Holstein, am 5. Juni 1902

Liebe und Gute, ich danke Dir für Deinen großen Brief: Ich kann mir denken, dass der Reisetag schwer und drückend war und die Nacht im Amsterdamer Hotel nicht schön; mir gefiel an jenem Tage Hamburg (wo ich ja etwa zwei Stunden Zeit hatte) auch gar nicht; es war heiß und ohne Luft wie irgendeine Binnenstadt ... Und meine erste Nacht in Haseldorf war nicht weniger schwül als Deine bei von Geldern. Und seither waren lauter solche Tage, glühend atemlose Tage, die sich manchmal gegen Abend auflösten in der langsam dunkelnden Luft. Heute (zum ersten Mal) ist bedeckter Himmel und etwas Regen. Der Park ist schön. Besonders verlockend ist es, an einem der hohen Fenster des Esssaals zu stehen. Da sieht man die hohen Rasenflächen, die wild wachsen und schon so hoch sind, dass einzelne Rosenstöcke fast darin, in dem grünen Gewoge, verschwinden. In diesen Wiesen stehen zwei unendlich schön blühende Bäume, Apfelbäumen ähnlich. Sie nennen sie Crategus (dornenlosen Crategus); ich weiß nicht, was das ist, – aber Dir wird das jedenfalls nicht fremd sein. Sonst, wenn ich im Garten gehe, freue ich mich immer daran, eine oder die andere Blume oder einen Strauch zu erkennen, den Du mir genannt hast. Am schönsten sind die Wege am Burggraben entlang. Da stehen jetzt die alten Kastanien, aufgebaut wie Berge, mit den Ästen bis nach der Erde hin und mit einer ganzen Welt von Schatten unter den tausend Händen ihrer Blätter: Sie blühen jetzt. Und es ist ganz wunderbar, wie diese Blütenkegel in rhythmischen Abständen emporsteigen bis zu den höchsten Ästen. Bei Tage ist das alles etwas zu grün, aber neulich, am Abend, so gegen ½ 11 (es dämmerte noch), waren diese alten Bäume wie dunkle Mäntel mit eingestickten, regelmäßig wiederholten Stickereien. Das Weiß der Blüten wurde wunderbar geheimnisvoll, und manchmal hatte so eine Blütenpyramide das Aussehen von gefalteten erhobenen Händen, die aus einem dunklen Gewande kommen. Leider gab der trübe, träge Burggraben kein Spiegelbild dieser wunderbaren Bäume zu. Flieder und Rhododendren wachsen auch in solcher Höhe an uralten Büschen, die plötzlich irgendwo, in der Höhe von Baumkronen, ein reiches Blühen entfalten. Fleischfarbene Azaleen strecken ihre Düfte aus, und die Magnolien haben schon Blätter neben den großen seerosenartigen Blüten. Heute habe ich auch einen hohen Baum entdeckt mit breiten kühlen grünen Blättern und seltsam grausilbernen geschlossenen Blüten, die von großer Vornehmheit waren. Ich halte ihn für einen Nussbaum …

Arno Holz

Schönes, grünes, weiches Gras

Schönes, grünes, weiches Gras.
Drin liege ich.
Mitten zwischen Butterblumen!

Über mir,
warm,
der Himmel:
ein weites, zitterndes Weiß,
das mir die Augen langsam, ganz langsam
schließt.

Wehende Luft, ... ein zartes Summen.

Nun bin ich fern
von jeder Welt,
ein sanftes Rot erfüllt mich ganz,
und deutlich spür ich,
wie die Sonne mir durchs Blut rinnt –
minutenlang.

Versunken alles. Nur noch ich.

Selig.

Johann Peter Eckermann

Aus: Gespräche mit Goethe in den letzten Jahren seines Lebens

Montag, den 22. März 1824

Mit Goethe vor Tisch zu seinem Garten gefahren.

Die Lage dieses Gartens, jenseits der Ilm, in der Nähe des Parks, an dem westlichen Abhang eines Hügelzuges, hat etwas sehr Trauliches. Vor Nord- und Ostwinden geschützt, ist er den erwärmenden und belebenden Einwirkungen des südlichen und westlichen Himmels offen, welches ihn besonders im Herbst und Frühling zu einem höchst angenehmen Aufenthalt macht.

Der in nordwestlicher Richtung liegenden Stadt ist man so nah, dass man in wenigen Minuten dort sein kann, und doch, wenn man umherblickt, sieht man nirgends ein Gebäude oder eine Turmspitze ragen, die an eine solche städtische Nähe erinnern könnte; die hohen, dichten Bäume des Parks verhüllen alle Aussicht nach jener Seite. Sie ziehen sich links, nach Norden zu, unter dem Namen des Sternes, ganz nahe an den Fahrweg heran, der unmittelbar vor dem Garten vorüberführt.

Gegen Westen und Südwesten blickt man frei über eine geräumige Wiese hin, durch welche in der Entfernung eines guten Pfeilschusses die Ilm in stillen Windungen vorbeigeht. Jenseits des Flusses erhebt sich das Ufer gleichfalls hügelartig,

 72

an dessen Abhängen und auf dessen Höhen, in den mannigfaltigen Laubschattierungen hoher Erlen, Eschen, Pappelweiden und Birken, der sich breit hinziehende Park grünt, indem er den Horizont gegen Mittag und Abend in erfreulicher Entfernung begrenzt.

Diese Ansicht des Parks über die Wiese hin, besonders im Sommer, gewährt den Eindruck, als sei man in der Nähe eines Waldes, der sich stundenweit ausdehnt. Man denkt, es müsse jeden Augenblick ein Hirsch, ein Reh auf die Wiesenfläche hervorkommen. Man fühlt sich in den Frieden tiefer Natureinsamkeit versetzt, denn die große Stille ist oft durch nichts unterbrochen als durch die einsamen Töne der Amsel oder durch den pausenweise abwechselnden Gesang einer Walddrossel.

Aus solchen Träumen gänzlicher Abgeschiedenheit erweckt uns jedoch das gelegentliche Schlagen der Turmuhr, das Geschrei der Pfauen von der Höhe des Parks herüber oder das Trommeln und Hörnerblasen des Militärs der Kaserne. Und zwar nicht unangenehm; denn es erwacht mit solchen Tönen das behagliche Nähegefühl der heimatlichen Stadt, von der man sich meilenweit versetzt glaubte.

Zu gewissen Tages- und Jahreszeiten sind diese Wiesenflächen nichts weniger als einsam. Bald sieht man Landleute, die nach Weimar zum Markt oder zur Arbeit gehen und von dort zurückkommen, bald Spaziergänger aller Art längs den Krümmungen der Ilm, besonders in der Richtung nach Oberweimar, das zu gewissen Tagen ein sehr besuchter Ort ist. Sodann die Zeit der Heuernte belebt diese Räume auf das Heiterste. Hinterdrein sieht man weidende Schafherden, auch wohl die stattlichen Schweizer Kühe der nahen Ökonomie.

Heute jedoch war von allen diesen die Sinne erquickenden Sommererscheinungen noch keine Spur. Auf den Wiesen waren kaum einige grünende Stellen sichtbar, die Bäume des Parks standen noch in braunen Zweigen und Knospen; doch verkündigte der Schlag der Finken sowie der hin und wieder vernehmbare Gesang der Amsel und Drossel das Herannahen des Frühlings.

Die Luft war sommerartig, angenehm; es wehte ein sehr linder Südwestwind. Einzelne kleine Gewitterwolken zogen am heiteren Himmel vorüber; sehr hoch bemerkte man sich auflösende Cirrusstreifen. Wir betrachteten die Wolken genau und sahen, dass sich die ziehenden geballten der unteren Region gleichfalls auflösten, woraus Goethe schloss, dass das Barometer im Steigen begriffen sein müsse.

Goethe sprach darauf sehr viel über das Steigen und Fallen des Barometers, welches er die Wasserbejahung und Wasserverneinung nannte. Er sprach über das Ein- und Ausatmen der Erde nach ewigen Gesetzen, über eine mögliche Sintflut bei fortwährender Wasserbejahung. Ferner: dass jeder Ort seine eigene Atmosphäre habe, dass jedoch in den Barometerständen von Europa eine große Gleichheit stattfinde. Die Natur sei inkommensurabel, und bei den großen Irregularitäten sei es sehr schwer, das Gesetzliche zu finden.

Während er mich so über höhere Dinge belehrte, gingen wir auf dem breiten Sandweg des Gartens auf und ab. Wir traten in die Nähe des Hauses, das er seinem Diener aufzuschließen befahl, um mir später das Innere zu zeigen. Die weiß getünchten Außenseiten sah ich ganz mit Rosenstöcken umgeben, die, von Spalieren gehalten, sich bis zum Dach hinaufgerankt hatten. Ich ging um das Haus herum und bemerkte zu meinem besonderen Interesse an den Wänden in den Zweigen des Rosengebüsches eine große Zahl mannigfaltiger Vogelnester, die sich von vorigem Sommer her erhalten hatten und jetzt bei mangelndem Laub den Blicken freistanden, besonders Nester der Hänflinge und verschiedener Art Grasmücken, wie sie höher oder niedriger zu bauen Neigung haben.

Goethe führte mich darauf in das Innere des Hauses, das ich vorigen Sommer zu sehen versäumt hatte. Unten fand ich nur ein wohnbares Zimmer, an dessen Wänden einige Karten und Kupferstiche hingen, desgleichen ein farbiges Porträt Goethes in Lebensgröße, und zwar von Meyer gemalt bald nach der Zurückkunft beider Freunde aus Italien. Goethe erscheint hier im kräftigen mittleren Mannesalter, sehr braun und etwas stark. Der Ausdruck des wenig belebten Gesichtes ist sehr ernst; man glaubt einen Mann zu sehen, dem die Last künftiger Taten auf der Seele liegt.

Wir gingen die Treppe hinauf in die oberen Zimmer; ich fand deren drei und ein Kabinettchen, aber alle sehr klein und ohne eigentliche Bequemlichkeit. Goethe sagte, dass er in früheren Jahren hier eine ganze Zeit mit Freude gewohnt und sehr ruhig gearbeitet habe.

Die Temperatur dieser Zimmer war etwas kühl, und wir trachteten wieder nach der milden Wärme im Freien. Auf dem Hauptweg in der Mittagssonne auf und ab gehend, kam das Gespräch auf die neueste Literatur, auf Schelling und unter anderem auch auf einige neue Schauspiele von Platen.

Bald jedoch kehrte unsere Aufmerksamkeit auf die uns umgebende nächste Natur zurück. Die Kaiserkronen und Lilien sprossten schon mächtig, auch kamen die Malven zu beiden Seiten des Weges schon grünend hervor.

Der obere Teil des Gartens, am Abhang des Hügels, liegt als Wiese mit einzelnen zerstreut stehenden Obstbäumen. Wege schlängeln sich hinauf, längs der Höhe hin und wieder herunter, welches einige Neigung in mir erregte, mich oben umzusehen. Goethe schritt, diese Wege hinansteigend, mir rasch voran, und ich freute mich über seine Rüstigkeit.

Oben an der Hecke fanden wir eine Pfauhenne, die vom fürstlichen Park herübergekommen zu sein schien; wobei Goethe mir sagte, dass er in Sommertagen die Pfauen durch ein beliebtes Futter herüberzulocken und herzugewöhnen pflege.

An der anderen Seite den sich schlängelnden Weg herabkommend, fand ich von Gebüsch umgeben einen Stein mit den eingehauenen Versen des bekannten Gedichtes:

Hier im Stillen gedachte der Liebende seiner Geliebten –

und ich hatte das Gefühl, dass ich mich an einer klassischen Stelle befinde.

Ganz nahe dabei kamen wir an eine Baumgruppe halbwüchsiger Eichen, Tannen, Birken und Buchen. Unter den Tannen fand ich ein herabgeworfenes Gewölle eines Raubvogels; ich zeigte es Goethe, der mir erwiderte, dass er dergleichen an dieser Stelle häufig gefunden, woraus ich schloss, dass diese Tannen ein beliebter Aufenthalt einiger Eulen sein mögen, die in dieser Gegend häufig gefunden werden.

Wir traten um die Baumgruppe herum und befanden uns wieder an dem Hauptweg in der Nähe des Hauses. Die soeben umschrittenen Eichen, Tannen, Birken und Buchen, wie sie untermischt stehen, bilden hier einen Halbkreis, den inneren Raum grottenartig überwölbend, worin wir uns auf kleine Stühle setzten, die einen runden Tisch umgaben. Die Sonne war so mächtig, dass der geringe Schatten dieser blätterlosen Bäume bereits als eine Wohltat empfunden wurde. „Bei großer Sommerhitze", sagte Goethe, „weiß ich keine bessere Zuflucht als diese Stelle. Ich habe die Bäume vor vierzig Jahren alle eigenhändig gepflanzt, ich habe die Freude gehabt, sie heranwachsen zu sehen, und genieße nun schon seit geraumer Zeit die Erquickung ihres Schattens. Das Laub dieser Eichen und Buchen ist der mächtigsten Sonne undurchdringlich; ich sitze hier gerne an warmen Sommertagen nach Tisch, wo denn auf diesen Wiesen und auf dem ganzen Park umher oft eine Stille herrscht, von der die Alten sagen würden: dass der Pan schlafe."

Indessen hörten wir es in der Stadt zwei Uhr schlagen und fuhren zurück.

Annette von Droste-Hülshoff

Aus: Briefe von Annette von Droste-Hülshoff und Levin Schücking

Meersburg, den 14. Dezember 1843

Lachen Sie nicht über die wahrscheinlich ungehörige Aufschrift dieses Briefes, mein guter Levin. Sie haben vergessen, mir Ihre Augsburger Adresse zu geben, und da ich nicht denken kann, dass nach so kurzem Aufenthalt der „Levin Schücking" allein ausreichen sollte, muss ich versuchen, ob der „Redakteur" mir durchhilft. (...)

Und jeden Nachmittag geh ich meine alten Wege am Seeufer, zwar mutterseelenallein, aber doch vergnügt, weil mich nichts stört, nicht mal ein neuer Rebpfahl. Ungestörtheit habe ich überhaupt hier, so viel mein Herz verlangt. Ich bin in meinem Turm wie begraben und komme nur hervor, wenn ich nach dem Läuten des Dampfboots alte Freunde habe die Steig herauftraben gesehen, was aber selten vorkommt. Herr v. Baumbach ist ganz fort, nach Karlsruhe gezogen; Gaugrebens waren einmal hier, Stanz ein paarmal und erkundigte sich sehr eifrig nach Ihnen – er hat Jenny eine sehr schöne Scheibe geschenkt, gotische Bogenhallen, darunter eine Frau mit zwei Kindern in blauen und roten Kleidchen. Sonst waren Besuche genug hier, meistens fremde Gesichter und Namen und mir nur sichtbar, wenn sie über Tisch blieben.

Was ich in meiner Einsamkeit treibe? Ich lese, beendige die Abschrift meiner Gedichte und sehe mir in der Dämmerung über dem See das Abendrot an, was eigens mir zuliebe in diesem Jahr unvergleichlich schön glüht; ich wollte, Sie könnten's mitansehen; auch der See und die Alpen waren im September und Oktober fast täglich mit Tinten überhaucht, von denen ich früher keine Vorstellung gehabt habe: alle Zacken der Alpenreihe rot wie glühendes Eisen und scheinbar durchsichtig, andere Male der See vollkommen smaragdgrün, auf jeder Welle ein goldener Saum. Es ist mir unbegreiflich, dass ich habe ein rundes Jahr hier sein können, ohne dass nur ein solcher Moment eintrat, und jetzt war es mindestens ein um den anderen Tag, und ich habe mir fast die Augen schwach daran gesehen. Ach, es ist doch eine schöne, schöne Gegend!

96. Myrtaceae

XII. 1.

Theodor Fontane

Mittag

Am Waldessaume träumt die Föhre,
am Himmel weiße Wölkchen nur;
es ist so still, dass ich sie höre,
die tiefe Stille der Natur.

Rings Sonnenschein auf Wies' und Wegen,
die Wipfel stumm, kein Lüftchen wach,
und doch, es klingt, als ström' ein Regen
leis tönend auf das Blätterdach.

Robert Walser

Der Greifensee

Es ist ein frischer Morgen und ich fange an, von der großen Stadt und dem großen bekannten See aus nach dem kleinen, fast unbekannten See zu marschieren. Auf dem Weg begegnet mir nichts als alles das, was einem gewöhnlichen Menschen auf gewöhnlichem Wege begegnen kann. Ich sage ein paar fleißigen Schnittern „guten Tag", das ist alles; ich betrachte mit Aufmerksamkeit die lieben Blumen, das ist wieder alles; ich fange gemütlich an, mit mir zu plaudern, das ist noch einmal alles. Ich achte auf keine landschaftliche Besonderheit, denn ich gehe und denke, daß es hier nichts Besonderes mehr für mich gibt. Und ich gehe so, und wie ich so gehe, habe ich schon das erste Dorf hinter mir, mit den breiten großen Häusern, mit den Gärten, welche zum Ruhen und Vergessen einladen, mit den Brunnen, welche platschen, mit den schönen Bäumen, Höfen, Wirtschaften und anderem, dessen ich mich in diesem vergeßlichen Augenblick nicht mehr erinnere. Ich gehe immer weiter und werde zuerst wieder aufmerksam, wie der See über grünem Laub und über stillen Tannenspitzen hervorschimmert; ich denke, das ist mein See, zu dem ich gehen muß, zu dem es mich hinzieht. Auf welche Weise es mich zieht, und warum es mich zieht, wird der geneigte Leser selber wissen, wenn er das Interesse hat, meiner Beschreibung weiter zu folgen, welche sich erlaubt, über Wege, Wiesen, Wald, Waldbach und Feld zu springen bis an den kleinen See selbst, wo sie stehen bleibt mit mir und sich nicht genug über die unerwartete, nur heimlich geahnte Schönheit desselben verwundern kann. Lassen wir sie doch in ihrer althergebrachten Überschwenglichkeit selber sprechen: Es ist eine weiße, weite Stille, die wieder von grüner luftiger Stille umgrenzt wird; es ist See und umschließender Wald; es ist Himmel, und zwar so lichtblauer, halbbetrübter Himmel; es ist Wasser, und zwar so dem Himmel ähnliches Wasser, daß es nur der Himmel und jener nur blaues Wasser sein kann; es ist süße blaue warme Stille und Morgen; ein schöner, schöner Morgen. Ich komme zu keinen Worten, obgleich mir ist, als mache ich schon zu viel Worte. Ich weiß nicht, wovon ich reden soll; denn es ist alles so schön, so alles der bloßen Schönheit wegen da. Die Sonne brennt herab vom Himmel in den See, der ganz wie Sonne wird, in welcher die schläfrigen Schatten des umrahmenden Lebens leise sich wiegen. Es ist keine Störung da, alles lieblich in der schärfsten Nähe, in der unbestimmtesten Ferne; alle Farben dieser Welt spielen zusammen und sind eine entzückte, entzückende Morgenwelt. Ganz bescheiden ragen die hohen Appenzellerberge in der Weite, sind kein kalter Mißton, nein, scheinen nur ein hohes, fernes, verschwommenes Grün zu sein, welches zu dem Grün gehört, das in aller Umgebung so herrlich, so sanft ist. O wie sanft, wie still, wie unberührt ist diese Umgebung, wird durch sie dieser kleine, fast ungenannte See, ist selber also so still, so sanft, so unberührt. – Auf eine solche Weise spricht die Beschreibung, wahrlich: eine begeisterte, hingerissene Beschreibung. Und was soll ich noch sagen? Ich müßte sprechen wie sie, wenn ich noch einmal anfangen müßte, denn es ist ganz und gar die Beschreibung meines Herzens. Auf dem See sehe ich nur eine Ente, welche hin und her schwimmt. Schnell ziehe ich meine Kleider aus und tu wie die Ente; ich schwimme mit größter Fröhlichkeit weit hinaus, bis meine Brust arbeiten muß, die Arme müde und die Beine steif werden. Welch eine Lust ist es, sich aus lauter Fröhlichkeit abzuarbeiten! Der eben beschriebene, mit viel zu wenig Herzlichkeit beschriebene Himmel ist über mir, und unter mir ist eine süße, stille Tiefe; und ich arbeite mich mit ängstlicher, beklemmter Brust über die Tiefe wieder ans Land, wo ich zittere und lache und nicht atmen, fast nicht atmen kann. Das alte Schloß Greifensee grüßt herüber, aber es ist mir jetzt gar nicht um die historische Erinnerung zu tun; ich freue mich vielmehr auf einen Abend, auf eine Nacht, die ich hier am gleichen Ort zubringen werde, und sinne hin und her, wie es an dem kleinen See sein wird, wenn das letzte Taglicht über seiner Fläche schwebt, oder wie es sein wird hier, wenn unzählige Sterne oben schweben – und ich schwimme wieder hinaus. –

Fanny Lewald

Aus: Italienisches Bilderbuch

Wenn die Sonne recht warm im Lenz auf die Erde scheint, dann gucken überall die Frühlingsblumen hervor und drängen sich ans Licht, als müssten sie nun auch ihren Teil von der süßen Wärme haben, als wollten sie sich nun gleich des Daseins erfreuen. So tauchen aus dem tiefen Azurblau des Mittelländischen Meeres die einzelnen Inseln empor wie riesige Wasserblüten, in Duft und Farben prangend, dass die Sinne kaum die Fülle üppiger Schönheit zu fassen vermögen.

Es ist einer von den zahllosen Irrtümern, die ein Reisender dem anderem nachspricht, man müsse Italien im Winter sehen, Italien habe keinen Frühling, sei im Sommer öde und verbrannt. Es ist wahr, ein italienischer Winter, ein Dezember- oder Januartag in Rom entzücken den Fremden im Vergleich mit der nordischen Heimat; aber es ist doch Winter. Die Kastanien- und Akazienbäume sind kahl, das Weinlaub ist abgefallen und die Reben sind geschnitten, um als Reisig im Kamin zu dienen, denn man bedarf in Rom des Kaminfeuers drei Monate hindurch. Es ist oft, wenn die Tramontana weht, empfindlich kalt und die Luft sehr scharf und schneidend.

Aber schon der Februar bringt neues Blühen. Die Kastanienbäume schlagen aus, der Rasen färbt sich kräftiger, die Monatsrosen und der Lorbeer, die Akazien, die Orangen und die Serena blühen, die Sonne funkelt glänzender, und der Himmel wird dunkelblau. Keine jener Frühlingsempfindungen entbehrt man, die uns in Deutschland so süß sind; denn die Freude über das Erwachen der Natur ist in Italien ebenso groß, als ob man in Deutschland viele Monate zwischen Schnee und Eis gesessen hätte.

Überraschend sind für den Nordländer die Kraft und Schnelle, mit der sich im Frühling das Pflanzenleben entfaltet. Was bei uns durch Wochen sich langsam entwickelt, das entsteht hier in wenigen Tagen in vollster Pracht; und es ist wohl mit die große Mannigfaltigkeit der Pflanzen, Sträucher und Bäume, welche den zauberhaften Eindruck des Südens hervorbringen hilft.

(...)

In Ischia gibt es nur einen einzigen Wagen, der dem reichsten Bewohner Forios gehört. Es ist ein zweirädriges, einspänniges Kabriolett; und sooft man eine Spur von Rädern erblickt, weiß man, dass Don Antonio seinen Triumphzug durch die Insel gehalten hat. Zu Fuß vorwärtszukommen ist bei den sehr steilen Bergmassen, bei der großen Hitze nicht leicht; und man bedient sich daher allgemein der Esel, denen für die Frauen ein kleiner Sessel – *la sedia spagnola* – aufgelegt wird.

So herrscht eine große Stille in diesen Gegenden; selbst nicht der Ton von Herden lässt sich hören. Wie nur ein Wagen auf Ischia existierte, so gab es auch nur eine Kuh. Butter isst das Volk nicht; und bedarf man der Milch, so lässt man sich mit Ziegenmilch genügen. Kein Brüllen der Herden, kein Pferdegewieher, denn auch Pferde sind, weil nicht so sicher wie die Esel, äußerst selten; kein Wagengerassel berührt das Ohr. In tiefem Schweigen liegen die Städtchen da und zwischen ihnen zerstreut die einzelnen Villen, aus denen dann und wann eine kleine, weiße Kirche hervorsieht. Jede Villa ist von ihren Weingärten umgeben, jeder Weingarten, mit hohen Mauern eingeschlossen, ein für sich bestehendes Ganzes.

Ernst und hoch sieht der einst flammende Epomeo, dessen zackiger Felsrücken die Insel durchschneidet, herab auf das träumerische Stillleben zu seinen Füßen; und gewiss, hier in dieser kleinen Welt könnte man den Wunsch begreifen, in einfachstem Naturgenuss, fern von allen Zerwürfnissen der großen Welt und der Gesellschaft, sich selbst zu leben in träumerischer Ruhe, sich selbst und seinen Erinnerungen.

(...)

Aus den Lorbeerbüschen tauchen hell die Glühwürmchen auf und mit weichem Flügelschlag schweben Nachtschmetterlinge und Zikaden durch die Nacht, die bald dem jungen Morgen weichen muss.

Dann ist es schön, auf der Höhe zu stehen, die hinabschaut nach Forio, dem weißen Städtchen, das heute noch die viereckigen, zinnengekrönten Warttürme der Sarazenenzeit beschützen. Hoch auf den Lavabergen sind sie erbaut, weit hinauszuschauen in das Meer. Um sie her die schauerliche Verheerung jener Zeit, in der die Flammenströme der Erde sich auf ihre Oberfläche ergossen und sich festsetzten in wunderlichster, abenteuerlicher Gestalt. Kein Anbau gedeiht, keine Saat reift in der Verwüstung. Nur die stachlige Indische Feige drängt sich zwischen den Spalten hervor und bringt ihre unzähligen, gelben Blüten und Früchte dar, die Nahrung des Volkes.

Und ganz nahe dabei, wo der Boden milder ist, da ziehen sich vom Fuß des Epomeo bis zum Meer herab die einzelnen Villen hin. Weinranken, wohin das Auge blickt; in üppigem

Grün hängt die reifende Traube. Über dem hohen, schwankenden Schilfrohr der Canna sehen dunkelgrüne Johannisbrotbäume und Ölbäume mit ihren silberweißen Spitzen hervor. Flammende Granaten und schneeweiße Myrten lehnen sich um das Haus; wie ein hoher Freiheitsbaum ragt aus den scharfen, starken Blättern der mächtige Stamm der Aloe empor, seine große Blüte der Sonne entgegentragend. Glänzender Efeu umschlingt die Mauern und Bäume; schwankend und zart nickt die schöne, weiße Kapernblüte mit ihrem Violettgeäder von den Wänden herab, und die Klematis schlingt ihre Ranken, mit der Rose von Paestum vermischt, hinunter zu den roten und weißen Blumen der Oleandergebüsche.

Ach, diese Erde ist so unsäglich schön! Er muss ja alltäglich wiederkommen, der Sonnengott, wenn er sie einmal gesehen hat. Er kann nicht von ihr lassen; und weil sie so schön ist, liebt er sie und belebt sie mit seinen erwärmenden Strahlen. Schon taucht er empor hinter dem Rücken des alten Wächters der Insel, des starren Epomeo, der selbst erglüht unter dem Schein des jungen Tages. Und alle Blüten bringen ihm ihre süßesten Düfte dar, alle Vögel flattern ihm entgegen, alles begrüßt den Tag.

BLICK IN
DIE NATUR

Walt Whitman

Die Tore öffnen sich

6. April – In der Tat fühlbarer Frühling oder die Anzeichen davon. In strahlendem Sonnenschein sitze ich am Rande des Baches, dessen Oberfläche leicht vom Wind gekräuselt wird. Alles ist Einsamkeit, morgendliche Frische, Unachtsamkeit. Gesellschaft leisten mir meine beiden Eisvögel, sie segeln, wenden, stürmen los, tauchen – manchmal launisch getrennt – dann wieder im gemeinsamen Flug. Wieder und wieder höre ich ihr gutturales Zwitschern; eine Weile lang nichts anderes als diesen eigentümlichen Laut. Gegen Mittag stimmen andere Vögel ein. Der schrille Gesang der Wanderdrossel und eine musikalische Passage in zwei Teilen, der eine ein klares deliziöses Gurgeln verschiedener anderer Vögel, die ich nicht einordnen kann. Dazu gesellt sich (ja, jetzt eben höre ich es) der andere, ein tiefes Quaken in Intervallen von ein paar ungeduldigen Fröschen am Teichrand. Dann und wann das kräftige Rauschen einer recht steifen Brise in den Bäumen. Dann wirbelt ein armes kleines totes Blatt, das lange vom Frost umfangen gewesen war, von irgendwoher im Sonnenschein in einem wilden Befreiungstaumel gen Himmel, und stürzt schließlich hinunter ins Wasser, das es festhält und bald außer Sichtweite ertränkt. Die Büsche und Bäume sind noch kahl, die Buchen aber tragen zum größten Teil noch ihre dürren gelben Blätter der letzten Saison, zahlreiche

Zedern und Kiefern sind noch grün und das Gras nicht ohne Hinweise auf kommende Fülle. Und über allem eine wunderschöne Kuppel von klarem Blau, das Spiel des Lichtes, das kommt und geht, und große Herden von Schäfchenwolken, die so still dahinschwimmen.

~ ❈ ~

RANDFRØ, TORILIS ANTHRISCUS.

Susanne Wiborg

Die Qual der Vorfreude

Vorfreude, so heißt es immer, sei die schönste Freude. Und kaum eine ist schöner als die auf den Frühling, mit dem alles, was uns an den Garten fesselt, von neuem beginnt: die Chancen und die Enttäuschungen, die Erfüllung und der Ärger, kurz: das ganze volle Leben, komprimiert und symbolisiert im grünen Revier. Doch gemeinerweise kann dieses erwartungsvolle Kribbeln auch in schiere Qual umschlagen – dann nämlich, wenn das so sehnsüchtig erwartete Objekt der Gärtnerbegierde es vorzieht, sich lange nicht blicken zu lassen. So lange, dass sich die schreckliche Frage auftut: Kommt es überhaupt noch, oder hat die Natur hier mal wieder mit all der Gemeinheit zugeschlagen, mit der sie auch fette Nacktschnecken erfunden oder Schadpilze auf unschuldige Rosen losgelassen hat? Zu so einer Qual wurde mir letztes Frühjahr das Warten auf die große Krokus-Pracht. Kündigen die ersten zarten Schneeglöckchen an, dass auch dieser Winter unglaublicherweise doch ein Ende finden könnte, so gehen die fröhlichen Krokusse gleich noch einen großen Schritt weiter: Mit ihrem Auftritt ist der Frühling da – ganz egal, wie rauh das Wetter dann noch wird.

Diesen Garten-Festtag wollte ich genießen wie noch nie, denn lange war meine Zuneigung zu den zierlichen botanischen Krokussen eher einseitig gewesen. Die kleinen Schwertliliengewächse erwiderten sie nicht. Aus gutem Grund: Viele von ihnen stammen ursprünglich aus warmen Gegenden, und mein bindiger, nasser Boden vertrieb sie alle. Mit einer Ausnahme: Der Elfenkrokus, ursprünglich ein Laubwaldbewohner, kommt hier prima zurecht und hat in seiner amethystfarbenen Niedlichkeit das ganze Revier erobert. Und nun schien endlich die Zeit gekommen, ihm Gesellschaft zu geben und einen Krokus-Neustart zu wagen. Unter dem großen Kirschbaum gab es, nachdem ich jahrelang das Laub, bedeckt von Kompost, dort hatte verrotten lassen, inzwischen wunderbar lockeren Humus für kleine, frühe Zwiebelpflanzen.

Außerdem waren die Gast-Bienen eingezogen, und die schätzen Krokusse ganz besonders, als eine der ersten Futterquellen des Jahres, die sie reichlich mit Pollen versorgt. So lag es nahe, ihre Interessen und meine perfekt zu kombinieren: Ich bestellte 600 botanische Krokuszwiebeln – mit bemerkenswerter Selbstbeschränkung übrigens. Früher wären es bei all den verlockenden Sorten und Farben sicher noch deutlich mehr geworden. Aber einige wirklich unfreundliche Dezembertage mit eisigem Schneeregen und reichlich Blumenzwiebeln, die dringend noch in die Erde wollten, haben mich da doch eine gewisse Beherrschung gelehrt. Auch so reichte es für einen üppigen Kragen rund um den Baum, ein perfektes Bühnenbild für den großen Auftritt der ersten Insekten der Saison.

Einen langen Winter über sah ich sie bei jedem Blick in diese Ecke schon erwartungsfroh vor mir: die Bienen und die Hummelköniginnen, die gaukelnden Zitronenfalter und vielleicht sogar das erste Pfauenauge. Doch allmählich wich die Vorfreude der Beklemmung: Es wurde nicht richtig Winter, es wurde nur furchtbar nass. Wochenlang. Genau das Wetter, das die meisten Zwiebelpflanzen wirklich hassen, alle Schimmelpilze dagegen wirklich lieben. Würden meine Krokusse das überleben, oder würden sie wegsterben wie so oft zuvor? Als sich der März näherte, umkreiste ich Tag für Tag den Kirschbaum. Tag für Tag dieselbe Enttäuschung: Nichts zu sehen, nicht eine Spitze. Würde es vielleicht – ein finsterer Verdacht, der mich nach einer Überdosis Winter aller Erfahrung zum Trotz regelmäßig beschleicht – überhaupt nicht Frühling werden? Nie? Einfach immer so weitergehen mit dem klammen Grau, das über uns zu lasten schien wie ein Fluch? Die erste Märzwoche verging, die zweite – nichts. Warum tat ich mir das an, alle Jahre wieder? Wäre es nicht besser gewesen, zur Flucht aus dem Winterfrust statt auf den Garten lieber auf eine Reise in freundlichere Gefilde zu setzen?

Und dann passierte eben doch, was sich zwar alljährlich wiederholt, was ich aber immer erst wirklich glauben kann, sobald es soweit ist: Mehrere Tage nacheinander schien die Sonne. Überall schoben sich wie im Zeitraffer dicke Spitzen aus der Erde – und da waren sie plötzlich, die bunten Krokusse! Zwar längst nicht alle sechshundert, aber doch genug für ein prachtvolles Bild: Büschel an Büschel, cremegelb, violett, lavendelfarben, blauweiß, und golden. Ein zarter, süßer Duft hing in der Luft, überall in den strahlenden, offenen Kelchen tummelten sich pollengepuderte Bienen und Hummeln, und auch die ersten Schmetterlinge waren zur Stelle. Als die überschwängliche Pracht verblüht war, hatte der Frühling endgültig gesiegt. Es ging tatsächlich alles wieder los, endlich, und doch: Inmitten dieser bunten Explosion war schon wieder etwas vorüber, für ein ganzes langes Jahr. Für einen kurzen, verrückten Moment wünschte ich sie mir zurück, diese ebenso kribbelnde wie frustrierende Vorfreude, mit der auch der längste Winter irgendwann endet. Bis jetzt jedenfalls …

Doris Bewernitz

Tag der Biene

Heute ist die Sonne in den März gefallen. So viele Krokusse, dass ich sie nicht mehr zählen kann. Alle haben ihre Blütenkelche weit geöffnet und strecken sich dem Licht entgegen. Büschelweise Schneeglöckchen dazwischen. Ich hocke mich hin. Um diese Jahreszeit gibt es nur Details. Erste Grashalme sprießen vorsichtig aus dem strohfarbenen Etwas, das mal eine Wiese war. Je länger ich auf dieselbe Stelle sehe, umso mehr entdecke ich. Als müssten sich auch meine Augen erst wieder ans Gucken gewöhnen. Die Kaiserkrone treibt! Und der Phlox schiebt zwischen den alten, trockenen Stängeln erste blassgrüne Lanzetten hervor. Sogar die Pfingstrose hat schon geflaggt. Tiefrot, breit und kräftig. Die rotbraunen Puschel des Goldfelberich haben ein trockenes Ahornblatt angehoben. Daneben: minikleine Rosetten am Pfennigkraut. Alles treibt, schiebt, grünt. Zwar noch zaghaft, erdnah, quasi an den Boden gedrückt, als traue es dem Frieden noch nicht ganz. Aber doch nicht mehr zu leugnen.

Eine Ameise zwischen zwei Grashalmen. Auch die Regenwürmer sind aufgewacht, die Wiese ist übersät mit ihren „Häufchen".

Die weichen, olivgrünen Mäuseblätter des Vergissmeinnichts beginnen, sich aus der Erde zu schieben. Daneben die Blattkränze der Gänseblümchen. Am lustigsten stehen die Tulpenblätter da: fast alle balancieren flache Hüte aus vorjährigem Ahorn- oder Hasellaub auf ihren Spitzen. Und die Akelei! Schon die jungen Blätter äußerst elegant, verschlungen und geheimnisvoll. Überhaupt sind die Blätter der zukünftigen Blumen oft ihren Blüten sehr verwandt.

Blätter, wohin das Auge reicht. Darunter auch immer einige, vor denen ich rätselnd stehe: Was könnte das sein? Was wird das nur? Das habe ich doch schon einmal gesehen, das kenne ich. Die Glockenblume? Nein, die Blätter waren schmaler. Die Ringelblume? Die Anemone? Bald werde ich es wissen.

Mit Erleichterung stelle ich fest, dass auch der Rhododendron wieder besser aussieht. Schlimm ging es ihm an den Kahlfrosttagen der letzten Wochen: verdorrte, eingerollte Blätter. Ich dachte, er geht mir ein. Die Immergrünen haben es schwer im Winter, besonders zum Ende hin, wenn der Schnee sie nicht mehr schützt. Ihre Blätter verdunsten das Wasser immer weiter, aber ihre Wurzeln können bei Frost nichts trinken. Doch er hat überlebt. Gott sei Dank. Seine dunkelgrünen Lederblätter sind wieder schön glatt ausgerollt und glänzen in der Sonne.

Überhaupt, die Sonne! Wie meine Haut sich nach ihr sehnte. Instinktiv ducke ich mich, als ein Gebrumm sich meinem Ohr nähert. Dann schaue ich dem Geräusch hinterher. Eine Biene! Die erste Biene ist da!

Wie schreckhaft man wird in so einer insektenfreien Winterwohnung.

Die Biene, noch ein wenig steif vor Kälte, steuert die Krokusse unter dem Kirschbaum an. Eine gute Entscheidung. Welche Blüte sie wohl nehmen wird? Welche Farbe sie wohl am schönsten findet? Wenn ich Biene wäre, ich glaube, ich

nähme die große, lila-weiß gestreifte. Die
sieht so königlich aus. Oder doch lieber eine
gelbe? Oder eine von den kleinen blasslila
Elfen mit orangener Spitze ... Sie schwankt
noch, schwebt über den verschiedenen Blüten
hin und her. Wonach entscheidet sie das eigentlich? Ob ihr das reine Weiß vielleicht besser gefällt?
Die weißen Krokusse sind ja auch besonders groß. Und so er-
haben ... Nein, ich kann nicht sagen, welche mir die schönste ist. Da verschwindet die Biene in der lila-weiß gestreiften.
Sofort fühle ich mich ihr aufs Tiefste verbunden. Natürlich
ist der gestreifte Krokus der schönste – gar keine Frage! Wie
konnte ich je daran zweifeln!

Ich knie nieder und sehe ihr zu, wie sie in der Blüte herum-
kriecht. Plötzlich ein Tumult hinter mir. Fünf Spatzen wollen
gleichzeitig im Hundewassernapf baden, passen nicht hinein,
tschilpen, krakeelen und hacken aufeinander ein. Als ich wieder zum Krokus schaue, ist die Biene verschwunden.

Aber ich habe sie gesehen! Die erste Biene. Ein Grund zum
Feiern. Ja, warum eigentlich nicht? Wir feiern viel zu selten.
Ich beschließe, sofort und augenblicklich den Tag der Biene
einzuführen. Er ist gleich zu begehen, wenn jemand die erste
Biene des Jahres gesichtet hat. Man feiert ihn im Freien.

Kurzentschlossen rufe ich ein paar Freunde an, sage ihnen,
dass ich eine Biene gesehen habe, und dass wir deshalb noch
heute mit einem Kaffee im Garten darauf anstoßen werden.
Warme Decken sind mitzubringen.

Bald werden es mehr Bienen werden und immer mehr.
Bald wird der ganze Garten voll Gesumm und Gebrumm sein,
und ich werde mich nicht mehr erschrecken, weil es ein ganz

normales Geräusch für mich geworden sein wird. Die Biene von heute wird ihre ganze Verwandtschaft mitbringen, und alle werden sie von Tag zu Tag mehr Nektar finden. Bald werden sie sich über die Blüten der Aprikose hermachen können, die schwellen schon und schimmern bereits leuchtend rot. Ich hoffe nur, dass kein Frost kommt, wenn sie sich öffnen. Danach werden die Bienen in den Pfirsichblüten herumkriechen. Wenn die sich öffnen, muss ich keinen Frost mehr befürchten. Und dann holen sie ihren Nektar aus den Kirschblüten, dann vom Apfel-, Birn- und Pflaumenbaum ...

Die Spatzen hocken jetzt zu sechst im Buddelkasten. In kleinen Sandmulden tun sie so, als säßen sie im Wasser, schlagen mit den Flügeln, wackeln mit dem Schwanz und piepsen vor sich hin. Sand fliegt auf die Wiese. Hätten wir also das Rätsel, warum der Sand im Buddelkasten immer weniger wird, auch geklärt.

Jetzt habe ich so viel in der Gegend herumgehockt, dass mir die Knie wehtun. Ich stelle einen Stuhl auf die Terrasse, setze Kaffeewasser auf, wickle mich in eine Decke und strecke die Beine von mir. Zufrieden sitze ich in der Sonne und warte auf meine Freunde.

Ein Wohlgeruch weht mich an. Krokus und Schneeglöckchen. Ganz zart. Genüsslich lasse ich mir dieses Naturparfum in der Nase zergehen. Es birgt ein Versprechen, dem ich sofort glaube. Welch ein Duft! Biene müsste man sein.

Christian Morgenstern

Butterblumengelbe Wiesen

Butterblumengelbe Wiesen,
sauerampferrot getönt, –
oh du überreiches Sprießen,
wie das Aug dich nie gewöhnt!

Wohlgesangdurchschwellte Bäume,
wunderblütenschneebereift –
ja, fürwahr, ihr zeigt uns Träume,
wie die Brust sie kaum begreift.

Meir Shalev

Glücksmomente

Nicht nur Anregung, neues Wissen und Zufriedenheit schenkt der Wildgarten seinem Besitzer, sondern auch Momente wahren Glücks. Sie sind zumeist periodisch wiederkehrend und voraussehbar, aber das tut der Freude und Wonne keinen Abbruch. Es sind die Momente des Knospens und Blühens und der Wiederkehr überwinternder oder übersommernder Vögel, es sind Momente, wenn leichter Wind über die Mohnwiese weht oder die grünen Blätter der Meerzwiebel knospen, nachdem die Blüten verblüht sind. Hierher gehört auch das Keimen der ausgesäten Lupinen, wenn ihre ersten Blättchen aus der Erde hervorschauen und wachsen – wie kleine Hände, die den Himmel anflehen. Ebenso das Keimen der Alpenveilchensamen, denn im Gegensatz zu den ersten Blättchen vieler anderer Blumen, die sich stark von den Blättern der erwachsenen Pflanze unterscheiden, sieht das erste Blatt des Alpenveilchens genauso aus wie das der reifen Pflanze, abgesehen davon, dass es sehr klein ist und die individuelle Zeichnung, die auf jedem Blatt eines Alpenveilchens erscheint, im ersten Jahr noch fehlt.

Auch Tiere können einem Glücksmomente bescheren, zum Beispiel der Gesang der Bienen in der Eiche oder im Kreuzdorn – was mich jedes Mal aufs Neue überrascht und freut, weil beider Blüten nicht so auffallend und attraktiv sind wie etwa die des Judas- oder des Storax-Baums. Die Eichenblüten sind winzig, farb- und geruchlos, und sie werden durch den Wind bestäubt. Wenn er weht, sieht man Wolken von Blütenstaub aus den Wipfeln männlicher Eichen aufsteigen und forttreiben. Aber die Bienen fliegen diese Bäume in Massen für eine Gratismahlzeit an, und schon an einem ersten sonnig warmen Tag Ende Januar kann man sie dort hören, als würden Bassisten und Cellospieler im Geäst musizieren. Ihr Summen klingt tief und weich, ist aber deutlich im Laub wahrzunehmen und erfüllt die Luft.

Beim ersten Mal wusste ich nicht, was ich da hörte, doch als ich nähertrat und den Kopf hob, entdeckte ich, dass das Geräusch aus dem Eichengeäst kam. Tausende von Bienen waren dort zugange, sammelten Blütenstaub und summten mächtig. Ich lehnte mich an den Stamm, schloss die Augen und versank von Kopf bis Fuß im Gesang der Bienen, und seither tue ich das Jahr für Jahr. Was für ein herrliches Konzert, zart und volltönend, warm und kräftig, und es kündet davon, dass die Bienen den Frühling anders betrachten als ich. Unser Frühling ist bunt und würzig, warm und hell, anregend und liebkosend, angenehm für Auge, Haut und Nase, lockt mit seinem Liebreiz erst das Herz, dann auch den Körper ins Freie – zum Spazieren, Schnuppern, Schauen, Lieben. Aber die Bienen schwirren im Frühling zur Arbeit aus. Sie reden nicht vom „Hügel der Alpenveilchen", erzählen nicht von „Anemonenteppichen". Ihr Frühling hat rein wirtschaftliche Bedeutung: Der Bienenstock wimmelt von hungrigen Mäulern, die Speisekammer hat sich in der trüben Jahreszeit geleert, man muss Blütenstaub und Nektar einbringen, Honig produzieren, um die Königin und die Larven zu ernähren, eine weitere Generation Arbeiterinnen aufzuziehen. Ich finde es angenehm, ihrem

Gesang zu lauschen, und noch angenehmer, zu wissen, dass ich nicht einer von ihnen bin – nicht zu den Bienen-, Ameisen- oder sonstigen Staaten gehöre, in denen die Sklaverei vererbt wird und schon derart geheiligte Tradition ist, dass an ihr nicht gerüttelt werden kann.

Einen anderen freudigen Moment erlebe ich, wenn ein Igel oder eine Schildkröte in meinem Garten auftaucht. Ich liebe Igel und Schildkröten, und jedes Jahr sehe ich sie seltener. Doch manchmal kommen sie und erfüllen mein Herz mit Freude. Als ich eines Abends im Garten am Boden saß, kam eine Igelmutter mit zwei Jungen, deren Stacheln noch nicht richtig hart waren. Sie liefen emsig hierhin und dorthin, suchten, schnupperten, kamen an mir vorbei, so nahe, dass eines der Jungen mich streifte. Eine solche Nähe zu einem Wildtier, und sei es ein kleiner Igel, eine Nähe, die Vertrauen und Sicherheit atmet, ist höchst angenehm.

Und die Vögel: In meinem Garten und seiner Umgebung leben Wiedehopfe, Krähen, Turteltauben, Palmtauben, Honigsauger, Halsbandsittiche, Schlangenadler, Bülbüls, Amseln, Streifenprinien, Kohlmeisen, Braunlieste, Rotkehlchen, Blutspechte, Schleiereulen, Zwergohreulen, Steinhühner, Triele, Lerchen, Falken, Eichelhäher und Spatzen. Sie alle erkenne ich an Aussehen und Stimme. Erwache ich vor Sonnenaufgang, kann ich die Uhrzeit daran ablesen, welcher Vogel gerade draußen singt.

Außer dem Ruf des Schlangenadlers habe ich alle Vogelstimmen schon gehört. Amseln und Bülbüls singen am schönsten, aber ich höre auch gern den Braunliest, eine Art

Eisvogel, der seine Nahrung nicht mehr aus dem Wasser fischt, sondern sich Eidechsen und Insekten im Steilflug vom Boden schnappt und morgens laute Lacher über den Garten schickt, um allen zu verkünden, dass dieser Garten ihm gehört. Aber er gehört auch dem Honigsauger, der es trotz seiner Winzigkeit furchtlos ausposaunt, und auch den Halsbandsittichen, die Eindringlinge sind, sich aber wie Hausherren gebärden. Sie vertreiben die Spechte aus meinem Garten, und das nicht, weil Gott ihnen dieses Gebiet verheißen hätte, sondern weil sie es auf die Nisthöhlen der Spechte in den Baumstämmen abgesehen haben. Und das Rotkehlchen kehrt jedes Jahr aus Europa zurück und erinnert mich und die übrigen Vögel daran, dass der Garten weder mir noch ihnen gehört, sondern ihm allein.

Dieses Rotkehlchen ist mein zweites. In meinem zweiten oder dritten Winter hier kam das erste, stand in der Terebinthe vor meinem Fenster und stieß Kriegsrufe aus, ein scharfes, aggressives Schnickern: Za! Za! Za! Raus aus meinem Revier! Häufig sah ich es auch seine Grenzen verteidigen, und das war ein lustiger Anblick: Ein kleines, rundliches Vögelchen, das man zwischen Daumen und Zeigefinger zerquetschen könnte, hüpft kühn von Zweig zu Zweig: Za! Za! Za! Wer hier naht, wird totgemacht!

Zu Beginn des Sommers kehrte das Rotkehlchen in sein Land zurück, und als im nächsten Winter das Za! Za! Za! samt Rotkehlchen wieder da war, erklärte man mir auf meine Frage, es sei vermutlich derselbe Vogel, der an seinen gewohnten Wintersitz zurückgekehrt sei. Aber kleine Singvögel leben nicht lange, und ich war sehr traurig, als es, ein paar Jahre nach seinem ersten Auftritt, Winter wurde und mein Rotkehlchen seine Terebinthe nicht wieder aufsuchte.

Einige Jahre lebte ich ohne Rotkehlchen, bis mir die Götter ein neues schickten. An einem kalten Wintermorgen hörte ich es draußen und eilte überglücklich hinaus. Da ist es, schnickert eifrig, schützt sein Revier gegen jeden fremden Eindringling. Trotz seiner sozialistischen Farbe und seines dünnen, geraden Schnabels ist es politisch sehr falkenhaft.

Auch der Honigsauger bescherte mir einmal einen Glücksmoment oder, genauer gesagt, Schmerz und Reue, die in Freude umschlugen. Der Honigsauger, auch „Nektarvogel" genannt, ist der kleinste Vogel in meinem Garten. Manchmal – eher selten – erscheint eine Streifenprinie und macht ihm diesen Titel streitig, aber die Honigsauger sind fast immer hier. Die Weibchen sind graubraun, die Männchen schillern in Grün und Schwarz, zwei Farben, die bei jeder Bewegung changieren.

Häufig kreisen sie wie winzige Hubschrauber um die Blumen, was sehr hübsch anzusehen ist, doch in diesem honigsüßen Winzling verbirgt sich ein jähzorniges, angriffslustiges und triebhaftes Wesen. Die Männchen liefern sich Verfolgungsjagden am Himmel und im Geäst des Gartens und bekämpfen sogar ihre Spiegelbilder in den Fensterscheiben. Sie sausen rauf und runter, kurven so wendig, dass Jagdflieger sie nur beneiden können, und haben vor nichts Angst, weder vor Artgenossen noch anderen Vögeln, noch vor Tier oder Mensch. Wenn ich sie sehe, fällt mir eine hübsche Stelle in Nachum Gutmans Buch Lobengulu, König von Zulu ein. Darin berichtet er, wie in Südafrika ein „Honigsauger" – Gutman benutzt nicht den moderneren Namen „Nektarvogel" – einen Pavian verscheuchte, der sich dem Nest näherte: „Als der Affe noch näher ans Nest kam, veranstaltete der Honigsauger einen Mordskrach. Die Zwitscher schossen so rasch wie Gewehrsalven aus seiner Kehle. Er hüpfte auf den Affen zu, sprang um ihn herum, flog über ihn hinweg. (...) So ist das, wenn man zwei Eier im Nest hat. Es kommt nicht allein auf die Größe an."

Einmal zerstörte ich versehentlich das Nest von Honigsaugern, die in meinem Garten lebten, und das tut mir bis heute leid. Ich schnitt damals die Lavendelsträucher zurück, die auf einer der Terrassen wachsen, und sah dabei ständig ein Honigsauger-Pärchen laut kreischend über mir flattern. Die beiden fielen mir auf, aber ich begriff nicht, dass sie mich wegjagen wollten. Ich dachte, sie seien mit ihren eigenen Angelegenheiten beschäftigt, einem Streit unter Nachbarn oder mit Liebeswerben und Untreue. Erst als meine Gartenschere ihr Nest traf, das verborgen im Dickicht hing, verstand ich, aber da war es zu spät. Das Nest war angeschnitten und barst, und die zwei winzigen Eier darin fielen heraus und zerbrachen. Die Honigsauger flogen davon und kehrten den ganzen Sommer nicht in meinen Garten zurück, und ich fürchtete bereits, sie würden nie wiederkommen. Aber im nächsten Sommer erschienen sie erneut – sie oder ein anderes Paar. Ich freute mich riesig, und seither halte ich die Augen offen und nehme mich in Acht.

Doch die Vögel, die mir die größte Freude bereiten, wohnen nicht in meinem Garten, sondern auf dem angrenzenden Feld. Es sind die Triele – Vögel, die fliegen können, aber lieber zu Fuß laufen. Sie haben die Größe eines jungen Huhns, lange Beine, scharfblickende gelbe Augen und ein gelb, braun und grau gemustertes Gefieder im Flecktarnlook. Wenn sie regungslos dastehen, nimmt das Auge sie kaum wahr, aber nachts hört man ihre Stimmen von weit her. Zu Beginn der Nacht und auch noch in ihrer Mitte und am Ende halten sie Zusammenkünfte ab, wie sie hier in der Jesreelebene üblich sind – mit Volkstanz und Gesang.

Diese Versammlungen haben etwas Geheimnisvolles und Verlockendes, das ich sehr mag. In Sommernächten, wenn die Triele auf dem gemähten Feld unterhalb meines Hauses singen und tanzen, gehe ich manchmal hinunter und im Dunkeln auf sie zu. Man darf ihnen nicht zu nahekommen, denn dann verstummen sie und flüchten. Im Abstand von dreißig Metern strecke ich mich rücklings auf dem Boden aus, schaue in den Himmel und lausche.

Ihre mysteriösen, seltsamen Stimmen, das Liegen auf der Erde unter dem großen, hohen Sommerhimmel geben einem das Gefühl, mit offenen Augen zu träumen. Leider sehe ich keine Himmelsleitern und keine Engel, aber der Mensch muss sich mit dem zufriedengeben, was er hat. Und in diesem Moment habe ich eine warme Nacht und weiche Erde ohne Steine und einen Himmel voller Sterne, und Triele singen mir ein Lied – und das ist weit mehr, als die meisten Menschen haben, weit mehr, als ich in vielen anderen Momenten habe.

Ilse Gräfin von Bredow

Aus: Bei uns zu Haus

Dort, wo Fuchs und Hase sich gute Nacht sagen, sind meine Geschwister und ich aufgewachsen. Vieles, was die Großstadt Kindern täglich bietet, wie Besuche im Zoologischen Garten sowie Fahrten mit der Elektrischen, in der U- und S-Bahn und den Genuss, auf einer Rolltreppe zu stehen, blieb für uns so gut wie unerreichbar. Die seltenen Reisen in die Reichshauptstadt waren für uns das Abenteuer schlechthin. Aber dass wir die dort gebotenen Köstlichkeiten nicht vermissten, dafür sorgte schon die Natur, die in jeder Jahreszeit reichlich Ablenkung bereithielt. Im Frühjahr weckten uns morgens die Spatzen mit großem Geschrei. Sie hatten sich wie gewohnt im Efeu, der sich um unser Haus rankte, ihre Nester gebaut, und nun lagen sie sich ständig in den Federn. Ihr ewiges Gezeter lehrte uns, dass der Spruch „Raum ist in der kleinsten Hütte für ein glücklich liebend Paar" für Spatzen jedenfalls nicht zutrifft. Mit Beginn der Sommerzeit waren es dann die Lerchen, die uns mit ihrem Gesang aus den Betten trieben und bei denen wir Kinder der festen Überzeugung waren, dass sie sich, wenn unsere Augen sie nicht mehr sehen konnten, auf einer Wolke ausruhten.

Auch der Kuckuck tat sein Bestes als Wecker, unterstützt von dem lauten Krähen eines Zwerghahnes, den meine Schwester von ihrem Patenonkel geschenkt bekommen hatte. Er entpuppte sich als mutiges Kerlchen, das sich nicht scheute, den Herrscher des Hühnerhofes, einen schon etwas betagten Herrn, anzugreifen und über den Hof zu jagen, was diesen mit prächtigen bunten Federn geschmückten Hahn in Angst und Schrecken versetzte. Doch nicht nur das, sondern er besaß auch die Gunst der Hennen, so dass ihre Eier zusehends kleiner wurden. Vater hätte diesen Zwerghahn am liebsten in einer Gemüsesuppe serviert bekommen. Aber auf das Geschenk eines Paten musste nun mal Rücksicht genommen werden.

Im Herbst waren es die Stürme, die unser Haus aufs Korn nahmen, so dass es knarrte und seufzte, und dann die Stare. Sie saßen in großen Mengen auf der Pappel hinter unserem Haus und verabschiedeten sich unter Höllenlärm mit lautem Geplapper, ehe sie wieder ihre weite Reise in ferne Lande antraten.

Im Winter wiederum war es das Bersten des Eises auf den beiden Seen, zwischen denen unser Haus lag, so dass man denken konnte, von Böllerschüssen geweckt zu werden. Und dann war da natürlich noch Möpschen, unser Bernhardiner, der heimlich auf dem Flur schlief und, sobald es anfing hell zu werden, so ausgiebig und laut gähnte, bis Mamsell die Treppe heraufkam, um ihn nach draußen zu lassen.

Aber die Natur besaß weit mehr Möglichkeiten als die Kunst, uns aus dem Schlaf zu holen. So versorgte sie uns das ganze Jahr über mit den verschiedensten Gerüchen. Eben noch roch es nach Kuh, Schwein oder Mist, und ein paar Schritte weiter die Dorfstraße entlang atmete man den angenehmen Duft von Flieder und anderen blühenden Büschen. Flieder gab es in unserem Dorf reichlich, er verschönte fast jeden Gartenzaun. Etwas später, im Frühsommer, verbreiteten die blühenden Rosen ihren Duft. Heutzutage, in eine Vase gestellt, sind sie zwar immer noch schön anzusehen, aber spenden oft keinen Duft mehr, so dass sie manchmal Wachsblumen ähnlichsehen.

Auch Spielplätze stellte uns die Natur in hohem Maße zur Verfügung. Von einem Käuzchen verwundert beobachtet, buddelten wir uns im Wald Höhlen, kletterten auf Bäumen herum und waren im Sommer kaum aus dem Wasser der Seen zu kriegen.

Mit Tieren umzugehen lernten wir schnell, ohne dass unsere Eltern uns mahnen mussten: „Passt auf! Seid vorsichtig!" Wer einmal einen kräftigen Tritt von einer Kuh oder einem Pferd bekommen hat, merkt sich, dass Tiere leicht zu erschrecken sind. Auch lernten wir, dass Pferde in unserer Familie an erster Stelle standen und nicht etwa wir. Der Spruch „Erst das Pferd und dann der Reiter" wurde für uns zur Selbstverständlichkeit. Ende des Krieges wurde uns auch einmal mehr bewusst, wie fein der Instinkt der Tiere ist. Wenn die Bombengeschwader, deren Ziel Berlin war, sich uns näherten, wurden, lange bevor sie uns überflogen, schon Kühe und Pferde unruhig und signalisierten uns: Sie sind im Anflug.

Im Haus gab es bestimmte Regeln, die wir einzuhalten hatten. Dazu gehörten Pünktlichkeit, leise die Türen zu schließen und sich vor dem Essen die Hände zu waschen und die Haare zu kämmen. Auch wurde ungern gesehen, wenn meine Schwester und ich in späteren Jahren in Trainingshosen erschienen. Was wir draußen taten, interessierte kaum jemanden. Unsere Schrammen und Beulen, mit denen wir gelegentlich schluchzend ins Haus kamen, fanden wenig Beachtung. Solange kein Blut floss, war alles mehr oder weniger in Ordnung. Mit Petzen waren wir sehr vorsichtig, denn Opfer und Täter wurden meistens gleichermaßen bestraft.

Bei schönem Wetter, wenn wir unbedingt baden wollten, war es ratsam, um unseren Vater einen großen Bogen zu machen, hatte er doch die Angewohnheit, uns als Hilfskräfte einzusetzen, um junge Kiefern im Wald einzupflanzen, die Gartenbeete durchzuhacken oder, besonders unbeliebt, Rüsselkäfer zu sammeln. Aber er brachte uns auch bei, wie man sich Angeln und Flitzbogen samt Pfeilen selbst zusammenbaut.

Bei unserem ersten Hauslehrer, der täglich über den See gerudert kam, galt das Motto: Landwirtschaft und Hauswirtschaft gehen vor! So griff, wenn unsere Eltern verreist waren, Mamsell zum Helfen in Haus und Garten nach uns, und wir konnten während der Heuernte bald mit einem „Hungerharke" genannten Gerät und dem davor gespannten Pferd besser umgehen als mit unsern Rechenaufgaben.

Wenn im Winter die Wiesen überflutet waren und einer der Seen bis an unseren Gartenzaun reichte, so dass eine riesige Eisfläche entstand, waren Schlittenfahren und Schlittschuhlaufen der Genuss schlechthin. Kilometer für Kilometer glitten wir auf der Eisfläche dahin, bis die Sonne unterging und die Glocken auf der anderen Seite des Sees zu läuten begannen, sich der Mond auf den Weg machte und über uns der Sternenhimmel funkelte. „Die Erinnerung", sagt Jean Paul, „ist das einzige Paradies, aus dem wir nicht vertrieben werden können."

~ ❖ ~

Althaea rosea Cav.

Hermann Hesse

Dem Sommer entgegen

Als ich heute erwachte und aufstand, hatte das Wetter sich zum Guten gewendet, den sattblauen See bestrich ein mäßiger Ostwind mit zitternden Silberfurchen, die blühenden Kronen der Birnbäume standen frohlockend und strotzend gegen einen hellblauen Himmel, und lichte Bläue spiegelte sich im Brunnentrog und in den kleinen, schon fast vertrockneten Wasserlachen der Landstraße. In der Kapelle, die meinen Fenstern gegenüber liegt, war der Mesner mit den Zurüstungen zur Maiandacht beschäftigt. Auf dem improvisierten Zimmerplatz meines Nachbarn, der seinen Stall umbauen und vergrößern will, leuchtete und duftete in der schon prächtig warmen Sonne froh und festlich das weiße tannene Balkenholz.

Da fiel es mir aufs Herz, daß mein Ruderboot noch immer winterlich unter Dach stand und noch immer nicht revidiert, gestrichen und flottgemacht war. Schon mehrmals hatte ich an schönen, zum Seefahren verlockenden Tagen meine Saumseligkeit verwünscht und bitter bedauert und hatte dann, aus Trägheit und aus Mißtrauen gegen das Wetter, die Arbeit doch wieder auf ein andermal verschoben. Es war nachgerade eine Schande, und die Nachbarn, die mein Schifflein noch immer im Schuppen verstaut sahen, begannen zu grinsen und mich bedauernd anzusehen. Jetzt war es höchste Zeit, und ich beschloß, die Arbeit heute noch vorzunehmen.

Die Farben standen schon bereit, ich brauchte sie nur noch mit Leinöl anzurühren, und bald durchzog der scharfe pikante Ölgeruch das Haus. Die große Schürze vorgebunden, begann ich das Boot und die Ruder zu reinigen und dann zu malen. Wie das fleckte und ausgab, wenn ich den schweren, breiten, saftig mit Ölfarbe gefüllten Pinsel über die Planken hinstrich! Wenn so das Feuilletonschreiben ginge, und wenn es so lustig wäre! Hühner gackerten vorbei, zwei junge Hündlein balgten sich und brachten meinen Ölkrug in Gefahr, Kinder kamen und schauten zu. Und die Nachbarn, wenn sie vorüberkamen, lachten und riefen: „Also endlich?"

Man malt ja die modernen Sportboote jetzt meistens hellbraun oder gelblich wie Kanzleimöbel. Aber mein Nachen muß schöner aussehen, ich streiche ihn mit dem alten, traditionellen, feurigen Grün und Hochrot, und ebenso Ruder und Zubehör. Eine Ruderschaufel muß rot sein, keine andere Farbe klingt mit dem Blau oder Grün des Wassers so freudig und lebendig zusammen.

Vier Stunden, fünf Stunden strich und salbte ich mit Eifer, dann schien es mir für diesen Tag genug. Noch ein paar Tage, dann wird alles fertig und geordnet sein, dann führen wir das Boot auf einem Wagen mit zwei Kühen an den Strand, und den Kühen werden die Hörner bekränzt, und dann mache ich meine erste Ruderfahrt in diesem Jahre allein und still, und es wird wie jedes Jahr ein Tag voll schweigender Herrlichkeit und voll wunderbar schwellender Erinnerungen sein.

Drei Dinge gehören für mich notwendig zu einem richtigen Sommer: glühheiße, gelbe, schwerbrütende Kornfelder – ein hoher, kühler, schweigsamer Wald – und viele Rudertage. Rudertage! Ich denke an solche, da über See und Bergen ein glänzend blauer Himmel stand, da die Luft vor Hitze zitterte und vor Sonnenwärme das Holz des Bootes knisterte. Dann muß man halb nackt im breiten Schattenhut blendend blanke Seebuchten befahren und häufig baden oder schöne Rasten im dichten Ufergebüsche halten. Und ich denke an Rudertage, da ich bei bedecktem Himmel und frischem Wind stundenlang durch lauter Silber fuhr. Und an Tage, da ich keuchend über das schwarze, brodelnde Wasser jagte, vor einem jäh aus dem Gebirg hervorbrechenden Gewittersturm auf der Flucht. Da liefen blanke, eilige Schaumflocken über die dunkle, schwärzliche Fläche, peitschende Windstöße sprühten nadelfeinen Wasserstaub auf, und hastige Blitze fieberten blaß und zuckend durch die leidenschaftlich erregte, ängstlich schwüle Luft.

Das alles soll nun wiederkommen: Sommer, Kornfelderglut und Waldkühle, milde Abendröten am Schilfstrand, brennende Fahrten durch den blauen Mittagsglast und herrliche, seelenlösende, brausende Gewitter. Man hört ja immer wieder sagen, der Frühling sei die schönste Zeit des Jahres. Aber das Schönste an ihm ist doch die Vorfreude, das Erwarten des Sommers. Schnell ist der sanfte, sehnsüchtig laue Frühling vergessen, wenn der Sommer kommt und herrscht, wenn Sonne und Erde in Liebe und Kampf einander näher sind, wenn die Wärme mächtiger und inniger, die Regengüsse wilder und wuchtiger, die Tage leuchtender und die Nächte blauer sind. Da strahlen die Kastanien in unbegreiflicher Fülle und Pracht ihre weißen und roten Blütenkerzen aus, da verschwendet der Jasmin in betäubenden Wolken seinen süßen, lodernden Duft, da bleicht das Getreide, wird schwer und golden und rauscht üppig und festlich auf hunderttausend Halmen, da gärt der feuchte, schwarze Waldboden und wirft Mengen von farbigen Pflanzen ans Licht. Und überall zittert heimlich ein glühendes, wildes, berauschtes Lebensfieber. Denn der Sommer, der wahre Sommer, ist kurz, und kaum glänzt das Gefilde goldener und rauschen die Ähren voller und tiefer, so droht auch schon Sichel und Sense und heißer Erntekampf.

Das alles soll nun wiederkommen. Im hellgrünen Waldtal tönt unermüdlich der Kuckucksruf, die Matten reifen rasch zum ersten Schnitt, der dunkle Klee geilt üppig, und die Saatfelder leuchten saftig grün. Am Waldrand glänzen weiße Maiblumen unter ihren breiten Blättern, und auf breiten Felderstreifen blüht der schwefelgelbe Raps.

Das ist die Zeit, in der der Mann zum Kinde und das Leben wieder zum Wunder wird, da jeder Tag unerwartet Neues bringt und jeder kleine Wiesengang eine Überraschung und ein Märchen ist. Es geht dem Sommer entgegen, der königlichen Zeit, den Tagen der Kornreife und den Nächten der Gewitter. Wohlan, ich bin bereit, noch einmal das Unerhörte zu erleben und Tage des Überflusses und der überschäumenden Pracht zu sehen, und ich möchte keinen Tag und keine Stunde versäumen, ehe allzu früh der Bauer den Wagen bekränzt und im reifen Korn die gierige Sichel rauscht!

Otto Julius Bierbaum

Dämmerungszauber

Schön ist die Dämmerung, die im Walde webt,
leise, leise schwebt sie nieder
durch Zweiggewirre und Blättersäuseln,
ein duftgewobener Schleier vom Himmel.
Verhallendes Zirpen, Summen und Wispern
verklingt in schläfrigem Blätterrauschen
müde, lauschig.
Hoch in den Lüften der steigende Vogel selbst,
das Dunkel schauend, das sich mächtig
über die Fluren breitet, kehrt
nieder zum warmen, wolkigen Neste,
duckt sich und schlummert.
Leise hauchend weht der Atem der Nacht
aus Millionen Kelchen wundersüße
weiche Gerüche.

Die schwanken und streichen,
breiten sich, spreiten sich,
wogen und wanken
weithin über Gräser und Blüten,
umduften mit Träumen geruhig und sanft
die dunkelnde Erde.
Ein samtenes Grau hebt sich in Nebeln,
goldene, letzte Sonnenaugen
blicken scheidend noch einmal milde
in den mählich schlummernden Wald.
Oh schön, ja himmlisch schön und beglückend sind
wundersam selig die Dämmerungszauber
im Abendwalde.

Hugo von Hofmannsthal

Es ist ganz gleich

Es ist ganz gleich, ob ein Garten klein oder groß ist. Was die Möglichkeiten seiner Schönheit betrifft, so ist seine Ausdehnung gleichgültig, wie es gleichgültig ist, ob ein Bild groß oder klein, ein Gedicht zehn oder hundert Zeilen lang ist. Die Möglichkeiten der Schönheit, die sich in einem Raum von fünfzehn Schritt im Geviert, umgeben von vier Mauern, entfalten können, sind einfach unmessbar. Es können im Hof eines Bauernhauses eine alte Linde und ein gekrümmter Nussbaum beisammenstehen und zwischen ihnen im Rasen durch eine Rinne aus glänzenden Steinen das Wasser aus dem Brunnentrog ablaufen, und es kann ein Anblick sein, der durchs Auge hindurch die Seele so ausfüllt wie kein Claude Lorrain. Ein einziger alter Ahorn adelt einen ganzen Garten, eine einzige majestätische Buche, eine einzige riesige Kastanie, die die halbe Nacht in ihrer Krone trägt.

Eduard Mörike

Septembermorgen

Im Nebel ruhet noch die Welt,
noch träumen Wald und Wiesen:
Bald siehst du, wenn der Schleier fällt,
den blauen Himmel unverstellt,
herbstkräftig die gedämpfte Welt
in warmem Golde fließen.

VOM GLÜCK
IM GARTEN

Doris Bewernitz

Vom Finden eines Gartens

Die Annonce lese ich an einem Freitag im April. Ich weiß, ich werde anrufen, hinfahren, mir einen Eindruck verschaffen und dann gelassen Abstand nehmen. So mache ich es seit Jahren. Meist genügt es ja, dicht an etwas heranzugehen, um zu wissen, dass man es nicht braucht. Übrigens nicht die schlechteste Methode, meine florale Sehnsucht in den Griff zu bekommen. Einen Grund, sich gegen den Kauf eines Gartens zu entscheiden, gab es bisher immer.

„Gut, also um zwei am Zeitungsladen im Bahnhof", sagt Frau K. „Ich hab 'ne rote Jacke an."

Ich wundere mich zwar, dass ich in einen Bahnhof kommen soll, um einen Garten anzusehen, aber es vergrößert durchaus meine Neugier.

Frau K. kommt, begrüßt mich und holt einen Schlüssel aus der Tasche. Über uns rauschen die S-Bahnen. Ich bin darauf gefasst, dass wir nun einen längeren Weg vor uns haben, um die Bahnhofshalle herum oder um Häuserblocks, und staune, als sie zielsicher auf eine eiserne Tür zugeht, die sich in der Wand zwischen einem Obststand und einer Telefonsäule befindet.

„Kommen Sie", ruft Frau K., und schließt auf. Ich mache zwei Schritte, die Tür fällt hinter uns zu, und ich werde verschluckt. Verschluckt vom Blattgrün, Krähengeschrei, Amselgesang, Blütenduft. Ich muss mich zwingen, nicht stehen zu bleiben und stattdessen der Frau zu folgen, die rasch auf dem schmalen Weg voranschreitet. Rechter Hand liegt der Damm der S-Bahn. Aber hier ist das Paradies.

Vor dem vierten Garten bleibt sie stehen, wartet, bis ich heran bin, und sagt: „So. Das ist er."

Ein Pfirsichbaum! Gleich neben dem Eingang! Seine schlanken, noch blattlosen Äste beugen sich weit über Gartentor und Zaun und sind betupft mit zartrosa Blüten. Auf der Wiese daneben zwei Riesen: uralte Kirschbäume. Ihre Rinde löst sich ab wie Papyrus. Hellgrüne Flechten kriechen die Stämme hinauf. Kirschblüten schweben durch die Luft wie verspätete Schneeflocken. Eine Blaumeise wippt auf dem Zaun …

„Sie müssen doch nicht draußen stehen bleiben!", ruft Frau K. irgendwo aus den Tiefen des Grüns. „Kommen Sie doch rein!"

Vor dem Zaun Veilchen, ein lila Teppich. Hinter dem Zaun auch, auf den Beeten, auf dem Weg, überall! Andächtig betrete ich den Garten. Und dieser Gesang … „Ist das wirklich eine Nachtigall?", frage ich.

„Eine? Wir haben drei in der Anlage!"

Der Weg führt durch ein Meer von Tulpen. Lila, Gelb und knalliges Zinnober. Welch ein Duft! Einige Narzissen blühen noch, andere haben schon dicke Samenstände angesetzt. Hyazinthen, Schlüsselblumen, Kaiserkronen. Mitten auf dem Beet schwenkt eine goldgelbe Taglilie ihre schlanken Blätter, gleich daneben eine dunkelblau gefleckte Iris. Dazwischen rollen Farne ihre kunstvollen Spiralen aus. Oh – im Farn wohnt ein Förster mit Hund und Laterne. Und zwei Rehe, ein stehendes und ein liegendes. Und ein von oben bis unten giftblauer Zwerg mit Schubkarre und ein ziemlich verblasster mit Sonnenblume samt Eichhörnchen im Arm.

Irritiert wende ich mich einem Bäumchen zu, das mir seine herzförmigen Blätter und rosa Blüten entgegenstreckt. Frau K. scheint mein ratloses Gesicht zu bemerken und erklärt, dass es sich um eine Aprikose handelt. „Selbst gepflanzt! Vor sechs Jahren! Hat auch schon getragen."

Welch ein Garten! Bei der Vorstellung, dass es meiner sein könnte, macht mein Herz einen Freudensprung. S-Bahn-Bremsen quietschen. Ich drehe mich um und kann die Gesichter der Leute sehen, die in der Bahn sitzen. Das ist doch zu dicht! Bin ich dabei, in meinem Überschwang einen gewaltigen Fehler zu machen? Ich spreche die Nähe der Bahn an.

„Das hat uns nie gestört", versichert Frau K., nimmt aber meine Bedenken ernst und ist damit einverstanden, mich für zwei Stunden im Garten allein zu lassen, damit ich einen Entschluss fassen kann.

„Dann bis nachher zum Kaffee", sagt sie. „Das Haus erklärt Ihnen dann mein Mann." Sie geht.

Ich schlendere die Wege entlang. Stelle mich unter die Kirschbäume. Wie soll ich in nur zwei Stunden eine so wichtige Entscheidung fällen! Ich halte meine Nase in einen roten Kelch mit schwarzem Stern. Dieses reine Rot. Das können nur Tulpen. Ich gehe ums Haus, schnuppere am Oregano, an der Pfefferminze, am Salbei. Sogar Koriander gibt es! Den kann ich fürs Brotbacken nehmen. Ich trage einen Stuhl in die Sonne, setze mich und schließe die Augen.

Das Haus ist ein kleines Steinhäuschen mit geteertem Flachdach und, soweit ich das beurteilen kann, trockenen Wänden. Mehrere niedrige Obstbäume gibt es, Birne, Apfel, Sauerkirsche. Und einen charaktervollen alten Apfelbaum, rechts hinterm Haus, der mir sofort sympathisch ist. An seinem Fuß lehnt ein kniehoher Zwerg mit Spaten. Überhaupt: Welche Menge Gartenzwerge diese Leute gesammelt haben! Überall stehen sie herum: im Erdbeerbeet, zwischen Rhabarberblättern, unter Stachelbeerbüschen. Einer im gelben Pullover lächelt mich so charmant an, dass ich unwillkürlich zurücklächeln muss. Bis mir einfällt, dass ich Gartenzwerge ja eigentlich nicht mag.

Zwischen den Grashalmen sehe ich einem Regenwurm dabei zu, wie er ein abgefallenes Blatt langsam in den Boden zieht. Wenn das mein Garten wäre, könnte ich ein kleines Stück der Erde beschützen. Hier würde kein Gift ausgekippt. Hier würden keine Bäume gefällt. Hier könnte ich pflanzen, was ich wollte. Die Regenwürmer wären meine Brüder, sie würden mir die Erde umgraben. Ich müsste ihnen nichts dafür bezahlen. Den Tulpen auch nicht. Sie blühen kostenlos ...

Als ich mich träumend auf dem Stuhl in der Frühlingssonne wiederfinde und feststelle, dass ich meinen Lieblingsplatz bereits gefunden habe, weiß ich: Die Entscheidung ist längst gefallen.

Hinter dem Zaun bemerke ich eine kniende ältere Dame vor einem Erdbeerbeet. Ich trete näher, stelle mich vor und sage, dass ich die Neue bin.

Sie betrachtet mich kritisch: „Seit wann?"

„Seit jetzt", entgegne ich. „In diesem Moment. Sagen Sie, ist das hier ... sehr vereinsmäßig? Ein Meter zwanzig Heckenhöhe und das Gras immer fünf Zentimeter und so?"

„Nö", sagt sie, „wir sind ja nur vierzehn Gärten. Hier macht jeder, was er will."

Da kommen Herr und Frau K. Sie haben Kuchen und eine Thermoskanne mitgebracht. Er schließt das Haus auf, stellt einen runden Tisch davor, und seine Frau schenkt Kaffee ein. Wo sind nur die zwei Stunden geblieben?

„Na?", fragt sie.

„Schön ist er", sage ich. „Wunderschön!"

Herr K. zeigt mir das Innere des Hauses und raunt mir den Preis zu mit der Bemerkung, ich könne es auch in Raten zahlen. Dann setzen wir uns auf die Terrasse, trinken Kaffee und krümeln zur Freude der Spatzen mit dem Kuchen.

„Wie lange haben Sie den Garten denn schon?", frage ich.

„Zwanzig Jahre", sagt Herr K.

„Einundzwanzig", korrigiert seine Frau. Ich sehe, dass sie traurig ist. „Aber wir schaffen das nicht mehr. Gesundheitlich, wissen Sie." Und während ich noch überlege, was ich darauf erwidern könnte, fährt sie fort: „Übrigens: Mein Mann hat Gartenzwerge gesammelt!"

„Oh, ja", stottere ich, „das ... habe ich schon bemerkt. Aber ... wollen Sie die nicht mitnehmen? Falls Sie noch Verwendung dafür ..."

„Für 'n Balkon, oder?", lacht Herr K. „Genau Gabi, wir stellen alle dreiunddreißig auf 'n Balkon, da brauchste nix mehr zu pflanzen!"

„Dreiunddreißig?", entfährt es mir. „Ich habe nur fünfzehn ..."

„Die andern sind eingewachsen", sagt er. „Die finden Sie schon noch." Er amüsiert sich. „Den Förster, vorn links, mit dem Hund, haben Sie den gesehen? Der leuchtet sogar. Kommen Sie mal mit. Ich zeig's Ihnen." Er geht ins Haus und steckt einen Stecker ein. Dann winkt er mir, ihm zu folgen, und wir stehen vor dem illuminierten Förster.

„Nachts macht das natürlich viel mehr her!", sagt Herr K.

Der Förster leuchtet abwechselnd an unterschiedlichen Körperstellen. Auch der Hund blinkt launisch an Augen, Schnauze und Schwanz. Jetzt blitzen bei beiden gleichzeitig die Augen. Ich denke, dass man dieses Arrangement gut für die Geisterbahn verwenden könnte, behalte diesen Gedanken aber für mich. Die Laterne des Försters, bei der ich es am ehesten vermutet hätte, die leuchtet nicht.

Herr K. strahlt, als wäre er selbst der Förster. „Marke Eigenbau", schwärmt er. „Selbst entworfen, mit 'ner Weihnachtsbaumbeleuchtung! Klasse, oder?"

Ich nicke so anerkennend wie möglich.

„Und?", fragt er, „haben Sie sich entschieden?"

Ich sage ja.

Da packt er meine Hand und schüttelt sie so kräftig, als wolle er sie abreißen. „Richtig! Gute Entscheidung! Sie werden es nicht bereuen! – Sie nimmt ihn!", ruft er seiner Frau zu. Sie lächelt.

Wir setzen uns wieder an den Tisch, Frau K. gießt neuen Kaffee ein, und ihr Mann schiebt mir den Vertrag rüber.

Ich unterschreibe.

Mir ist ganz feierlich zumute. Es ist der 12. April 2008. Jetzt habe ich also einen Garten.

~ ❖ ~

445. 1. Rosa lutea Mill.
Gelbe Rofe.

Elizabeth von Arnim

Aus: Elizabeth und ihr Garten

7. Mai. – Ich liebe meinen Garten. Hier schreibe ich gerade in der Lieblichkeit eines Spätnachmittags, immer wieder unterbrochen von den Mücken und der Versuchung, all die Pracht des jungen Grüns zu bestaunen, auf das vor einer halben Stunde ein kühler Regenschauer niedergegangen ist. Zwei Eulen sitzen in meiner Nähe und führen eine lange Unterhaltung, die ich genauso genieße, wie wenn Nachtigallen schlagen. Herr Eule sagt

und sie antwortet von ihrem Baum ein wenig weiter weg

in schöner Harmonie und Ergänzung dessen, was ihr Gebieter bemerkt hat, so wie es einer wohlgeratenen deutschen Frau Eule geziemt. Sie sagen mit solchem Nachdruck immer wieder dasselbe, daß ich vermute, es muß irgendeine Bosheit über mich sein; aber ich lasse mich durch Eulensarkasmus nicht vertreiben.

Das hier ist eher eine Wildnis als ein Garten. Seit fünfundzwanzig Jahren hat niemand in dem Haus gelebt, geschweige denn im Garten, und es ist doch solch ein bezauberndes Land-

128

gut, daß die Menschen, die hier hätten leben können und statt dessen bewußt die Schrecken einer Stadtwohnung vorgezogen haben, wohl jener Überzahl von augen- und ohrenlosen Wesen angehört haben müssen, aus denen die Welt offenbar hauptsächlich besteht. Nasenlos obendrein, obwohl das nicht nett klingt; mein Frühlingsglück jedenfalls verdanke ich größtenteils dem Geruch von nasser Erde und jungem Grün.

Ich bin immer glücklich (im Freien, versteht sich, denn drinnen sind die Dienstboten und die Möbel), aber auf ganz unterschiedliche Weise, und mein Frühlingsglück ähnelt nicht meinem Sommer- oder Herbstglück, ist auch nicht stärker; im letzten Winter gab es sogar Tage, wo ich trotz meines Alters und meiner Kinder vor lauter Freude im frostigen Garten tanzte. Natürlich hinter einem Busch, denn ich weiß, was sich gehört.

Es sind so viele Vogelkirschen um mich herum, große Bäume, ihre Äste streifen das Gras, und sie stehen eben jetzt im vollen Schmuck ihrer weißen Blüten und ihres zartesten Grüns, daß der Garten aussieht wie bei einer Hochzeitsfeier. Ich habe noch nie solche Unmengen von Vogelkirschen gesehen; sie scheinen überall zu sein. Selbst hinter dem Flüßchen, das im Osten an den Garten grenzt, und mitten im Kornfeld da drüben steht ein riesiger Baum, ein Bild der Anmut und Pracht gegen das kühle Blau des Frühlingshimmels.

Mein Garten ist umgeben von Getreidefeldern und Wiesen; dahinter erstrecken sich weite Flächen sandiger Heide und Kiefernwälder, und wo die Wälder aufhören, setzt die kahle Heide wieder ein; die Wälder sind schön in ihrer hochragenden, luftigen Weite mit den rötlichen Stämmen, ganz oben die Kronen sanftesten Graugrüns und am Boden ein leuchtend grüner Heidelbeerteppich und ringsum atemlose Stille; und die kahlen Heideflächen sind auch schön, denn man kann über sie hinweg beinah in die Ewigkeit schauen, und zu ihnen hinauszuwandern mit dem Blick auf die untergehende Sonne, ist, als spazierte man in Gottes Gegenwart hinein.

Mitten in dieser Ebene liegt die Oase von Vogelkirschen und Grün, wo ich meine glücklichen Tage verlebe, und mitten in der Oase steht das graue Steinhaus mit seinen vielen Giebeln, wo ich nur zögernd meine Nächte verbringe. Das Haus ist uralt und ein paarmal erweitert worden. Es war vor dem Dreißigjährigen Krieg ein Kloster, und die gewölbte Kapelle mit dem Backsteinboden, von den Knien frommer Bauern ganz abgescheuert, wird jetzt als Halle benutzt. Gustav Adolf II. und seine Schweden sind mehr als einmal vorbeigezogen – was gebührend vermerkt und noch heute im Archiv aufbewahrt wird –, denn wir befinden uns auf dem damaligen Hauptweg zwischen Schweden und dem unglücklichen Brandenburg. Der Löwe des Nordens war zweifellos ein ehrenwerter Mann und handelte ganz nach seinen Überzeugungen, aber er muß die friedlichen Nonnen, die ihrerseits nicht ohne eigene Überzeugungen waren, schrecklich aus dem Gleichgewicht gebracht haben, als er sie auf die weite leere Ebene hinausjagte und sie so zwang, aufs jämmerlichste eine neue Existenz zu suchen, die dieses stille Leben hier ersetzen mußte.

Von fast allen Fenstern des Hauses kann

ich ungestört von irgendwelchen Hügeln über die Ebene hinweg direkt bis zur blauen Linie des fernen Waldes schauen; auf der Westseite ohne Einhalt bis zur untergehenden Sonne – eine einzige grünwogende Fläche, die sich scharf gegen den Sonnenuntergang abhebt. Ich liebe diesen Westflügel mehr als die anderen und habe mir mein Schlafzimmer auf dieser Seite des Hauses ausgewählt, damit selbst die Zeit des Haarbürstens nicht gänzlich verloren sei, und die Kammerjungfer, die sich dem Bürsten widmet, hat es gelernt, dieser Aufgabe nachzukommen, während die Herrin am offenen Fenster in einem Sessel zurückgelehnt sitzt, und sie weiß, daß sie diese süß-feierliche Stunde nicht mit Geplapper entweihen darf. Dieses Mädchen grämt sich wegen meiner Gewohnheit, beinah nur noch im Garten zu leben, und seit sie bei mir ist, werden all ihre Vorstellungen, wie das Leben einer deutschen Dame von Stand sein sollte, täglich auf eine harte Probe gestellt. Die Leute in der Nachbarschaft halten mich natürlich, um es so freundlich wie möglich auszudrücken, für äußerst exzentrisch, denn es hat sich herumgesprochen, daß ich den Tag mit einem Buch im Freien verbringe und kein Sterblicher mich je hat nähen oder kochen sehen. Aber warum sollte ich kochen, wenn man eine Köchin bekommen kann? Und was das Nähen betrifft, die Mädchen säumen die Bettlaken besser und schneller, als ich es könnte, und alle Stickerei aus Modegründen ist eine Erfindung des Teufels, um die Törichten davon abzuhalten, sich der Weisheit zu widmen.

Wir waren schon fünf Jahre verheiratet, als uns der Gedanke kam, wir könnten dieses Gut durch unser Dortleben sinnvoll nutzen. Jene fünf Jahre lebten wir in einer Stadtwohnung, und in dieser endlos langen Zeit war ich völlig niedergedrückt und völlig gesund, was mich von der häßlichen Vorstellung befreit, die mich zuweilen geplagt hat, mein Glück hier gehe weniger auf den Garten zurück als auf eine gute Verdauung. Während wir unser Leben also dort vergeudeten, gab es hier dieses schöne Landgut, wo der Löwenzahn bis an die Tür wuchs, das Gras die Wege fast ganz verwischt hatte, so einsam im Winter, wenn einzig der Nordwind ihm die Mindestbeachtung schenkte, und da war im Mai – in all jenen fünf lieblichen Maimonaten – niemand, der sich die herrlichen Vogelkirschen und die Unmengen noch herrlicheren Flieders anschaute, alles leuchtend und blühend, der wilde Wein mit jedem Jahr wilder, bis schließlich im Oktober das Dach selbst mit blutroten Flechten bekränzt war, die Eulen und die Eichhörnchen und all die glücklichen kleinen Vögel als Alleinherrscher, und keine lebende Seele betrat je das leere Haus außer den Schlangen, die sich während jener stillen Jahre daran gewöhnt hatten, wann immer die alte Wirtschafterin die Fenster öffnete, die Südmauer hochzuschlängeln, in die Zimmer hinein. All das war hier gewesen – Friede und Glück und ein sinnvolles Leben, und dennoch war es mir nie eingefallen, hierhin zu ziehen. Ich muß staunen, wenn ich zurückdenke, und ich kann mir überhaupt nicht erklären, warum ich so spät erst entdeckte, daß hier in diesem entlegenen Winkel mein himmlisches Königreich lag. Ja, mir kam es nicht einmal in den Sinn, das Landgut wenigstens im Sommer zu nutzen, ich unterwarf mich statt dessen jahraus jahrein einige Wochen lang einer Sommerfrische an der See mit all ihren Schrekken; bis mir endlich im letzten Vorfrühling – ich war aus der Stadt angereist, um die Dorfschule zu eröffnen, und streifte anschließend im noch öden und trostlosen Garten herum –, weiß Gott welcher Geruch von nasser Erde oder verfaulendem Laub schlagartig meine Kindheit in Erinnerung rief und all die glücklichen Tage, die ich in einem Garten verlebt hatte. Werde ich diesen Tag jemals vergessen? Es war der Anfang meines wahren Lebens, sozusagen mein Mündigwerden und der Eintritt in mein Königreich. Frühmärz, grauer, ruhiger Himmel und braune, ruhige Erde; kahl und etwas trist und wahrhaft einsam dort draußen in der Feuchtigkeit und Stille; doch da stand ich und fühlte dieselbe kindliche Verzückung beim ersten Frühlingshauch, und die fünf vergeudeten Jahre fielen wie ein Mantel von mir ab, und die Welt war hoffnungsvoll, und ich weihte mich unverzüglich der Natur, und seitdem bin ich glücklich.

Da meine bessere Hälfte Nachsicht walten ließ, vielleicht mit dem Hintergedanken, es tue wohl ganz gut, sich mal um das Gut zu kümmern, willigte sie ein, wenigstens eine Zeitlang dort zu leben; darauf folgten sechs ganz besonders wonnevolle Wochen, von Ende April bis in den Juni hinein, in denen ich hier allein war, vorgeblich, um das Anstreichen und Tapezieren zu überwachen, in Wahrheit ging ich aber nur ins Haus, wenn die Arbeiter es verlassen hatten.

Wie glücklich war ich! Niemals seit den Tagen, als ich noch zu klein war für den Unterricht und mit meinem zuckerbestreuten Elf-Uhr-Brot auf den Rasen hinausgeschickt wurde, der dicht übersät war von Löwenzahn und Gänseblümchen, niemals habe ich eine so vollkommene Zeit erlebt. Der Zucker auf dem Butterbrot hat seinen Reiz verloren, aber Löwenzahn und Gänseblümchen liebe ich sogar noch leidenschaftlicher als damals, und niemals könnte ich es mitansehen, daß sie alle abgemäht würden, wüßte ich nicht sicher, sie strecken alsbald wieder ihr Gesichtchen nach oben, genauso keck wie eh und je. Während jener sechs Wochen lebte ich in einer Welt von Löwenzahn und eitel Wonne. Der Löwenzahn bedeckte wie ein Teppich die drei Rasenflächen – einst war es Rasen, er ist aber seit langem zur Wiese erblüht mit allerlei hübschem Unkraut –, und unter und zwischen den Gruppen kahler Eichen und Birken wuchsen scharenweise blaue Leberblümchen, weiße Anemonen, Veilchen und Scharbockskraut. Letzteres entzückte mich besonders mit seinem gefälligen frohen Glanz, so adrett hübsch und frisch lackiert, als hätten auch bei ihm die Anstreicher ihr Werk getan. Als dann die Anemonen verschwunden waren, tauchten vereinzelt Immergrün und Weißwurz auf, und wie auf einen Schlag erblühten all die Vogelkirschen. Und dann, noch ehe ich mich ein wenig an die Freude über ihre Blütenpracht vor dem weiten Himmel gewöhnt hatte, erschien der Flieder – ganze Heerscharen Flieder: in Büscheln über den Rasen verstreut, zusammen mit anderen Sträuchern und Bäumen längs der Wege, und ein großer zusammenhängender Fliederwall zog sich gleich hinter der Westfassade des Hauses dahin, eine halbe Meile lang, soweit der Blick reichte, und hob sich herrlich gegen den Kiefernhintergrund ab. Als dann auch noch, kurz bevor alles vorbei war, die Akazien ihre Blüten zeigten und vier große Büsche blasser silberrötlicher Pfingstrosen unter den Südfenstern aufblühten, war ich so überglücklich, so selig und dankbar, wie ich es gar nicht schildern kann. Meine Tage schienen in einem Traum rosaroten und purpurnen Friedens dahinzuschmelzen.

Paula Almqvist

Vom Gartenleben

Ich habe ihn gehasst mit aller Inbrunst meiner Teenie-Seele. Meiner Schwester, mit der mich damals sonst wenig verband, ging es genauso. Das einzig Gute am Garten, darin waren wir uns einig, war der Schuppen, wo man heimlich rauchen konnte. Der Rest war Zumutung: Löwenzahn stechen. Lilienhähnchen absammeln. Stachelbeeren pflücken. Zur Krise führte das Ansinnen, im Reitverein Pferdeäpfel aufzulesen. Als Rosskur für die kränkelnde Mme Isaac Pereire, Opas liebste Bourbon-Rose. Da haben wir offen gemeutert. Welcher gute Typ hätte uns noch zu einer Cola mit zwei Halmen eingeladen, wenn wir bei so einer spießigen Kleingärtnertat ertappt worden wären?

In meiner Familie hatten fast alle den Gartenbazillus, aber ich schwor mir, der Vererbungslehre und der Ansteckung zu trotzen. Nur arme Irre verbrachten ihre Freizeit damit, in feuchter Erde zu pusseln, Regenwürmer zu duzen, vom Tau auf den Frauenmantelblättern zu schwärmen und vom Duft der Dichternarzissen.

Wie und wann ich mich dann doch angesteckt habe, kann ich gar nicht so genau sagen. Es fing an mit einer neuen Wohnung, Erdgeschoss, mit einem Stück verhungerten Rasen nach hinten raus. Kein schöner Anblick. Da musste man was unternehmen. Ich begann mit den üblichen Fehlern und Geschmacklosigkeiten. Ich kaufte ein klitzekleines Schäufelchen und grub ein paar Stiefmütterchen und Geranien ein. Nun sah es aus wie ein Hundegrab, fand mein Mann.

Das wollte ich nicht auf mir sitzen lassen. Ich las also über Kompost und Kamelien, übers Pikieren, Vertikulieren und Okkulieren, über Nachtschattengewächse und Tageslichtkeimer – insgesamt viel überflüssiges Zeug angesichts der Tatsache, dass ich mal grade hundert Quadratmeter gemieteten Hinterhof zu bestellen hatte. Dass es dabei nicht blieb, sondern dass ich bald so heftige Gelüste nach einem echten, eigenen Garten bekam, wie ich sie zuvor nur beim Anblick von einem Paar Prada-Pumps gekannt hatte – das konnte ich mir erst erklären, als mir ein würdiger Engländer, dessen wunderbare Rabatten ich besichtigte, seine Lebensweisheit anvertraute: „Garten ist eine Krankheit der zweiten Lebenshälfte."

Das Gartenfieber ist so ähnlich wie die berühmten Kinderkrankheiten – es macht immun. Gegen allerhand Widrigkeiten. Denn so ein Fleckchen Grün im grauen Alltag tröstet wunderbar, wenn ansonsten nicht alle Blütenträume reifen. Man kann sich mit einem Garten über Lebenskatastrophen hinwegretten wie die Malerin Gertrude Jekyll, die aufgrund fortschreitender Erblindung die Palette mit der Harke vertauschte und zu einer eminenten Gartengestalterin wurde. Vita Sackville-West therapierte ihr verkorkstes Liebesleben mit der Anlage von Sissinghurst und ist heute als Dichterin langatmiger Poeme fast vergessen, nicht aber als Schöpferin eines blühenden Gesamtkunstwerks. Germaine Greer erholte sich vom Frust der Emanzipationskämpfe, indem sie – unter dem Pseudonym Rose Blight – mit Liebe und Humor über ihren Garten schrieb.

Übrigens habe auch ich (außer einem zumindest gelegentlich vorzeigbaren Garten) Kinder in die Welt gesetzt, die Gartenarbeit verabscheuen. Die sich hinter meinem Rücken an die Stirn tippen, wenn ich darauf bestehe, meine zarten Pflänzchen mit der Gießkanne und abgestandenem Wasser zu brausen, statt ratzfatz mit dem Schlauch. Die mich für hoffnungslos uncool halten, wenn ich an einem Maiwochenende nicht nach Berlin fahren will, weil ich genau weiß, dass am Sonntag meine spektakulärste Baumpäonie ihre leider kurzlebigen Blüten öffnen wird.

Als raffinierter Laien-Pädagoge belästige ich meine Kinder natürlich nicht mit dem ungebetenen Schatz meiner Erfahrungen. Ich habe ihnen noch nicht gesagt, dass die Rührung beim Anblick der ersten Schneeglöckchen oder das naive Glück der ersten eigenen Kartoffelernte auch sie wahrscheinlich ebenso überraschend heimsuchen wird wie das erste graue Haar. Weil das der Zeitpunkt ist, wo ein Garten eine ganz neue Farbe und Glanzlichter ins Leben bringt.

Susan Brownmiller

Hallo, Terrasse

Seit nunmehr fünfunddreißig Jahren gärtnere ich auf einer hochgelegenen Terrasse eines New Yorker Wohngebäudes, bepflanze Töpfe, Tröge und Kübel, schleppe jedes Frühjahr säckeweise Erde an, schlage mich mit dem Wind herum, führe Krieg gegen alle möglichen Winzlinge, die meinen Pflanzen den Lebenssaft aussaugen und kreuze gelegentlich die Klinge mit einem missgünstigen Nachbarn. Natürlich hätte ich auch liebend gern auf einem Landgut gegärtnert, oder zumindest auf einer nicht ganz so hoch gelegenen Terrasse, aber ich will mich nicht beklagen. Ich kann von Glück sagen, überhaupt einen Außenbereich zu haben, wo ich meiner Leidenschaft nachgehen kann, auch wenn die rauen Bedingungen zwanzig Stock über der Straße für meine Pflanzen nicht gerade einfach sind.

Gärtnernde Schriftsteller erzählen einem gern, wie sie zu ihrem Fleckchen Erde gekommen sind – beispielsweise indem sie ein völlig zugewuchertes Stück Farm- und Waldland erbten. Das hier ist eine New Yorker Geschichte. Sie begann in den 1960er-Jahren, als Bauunternehmer ein Miethaus am nordwestlichen Rand des charmanten, historischen Greenwich Village abrissen, gleich an der Grenze zu einem Leichtindustriegebiet, bestehend aus Schlachthäusern und Fabriketagen. Das klobige rote Backsteinmonstrum, das anschließend auf dem Grundstück hochgezogen wurde, passte

so wenig zu den Häusern im frühen Federal- und viktoriani-
schen Stil auf der besseren Seite der Grenze und wirkte im
Vergleich zu ihnen so unverhältnismäßig groß, dass entsetzte
lokale Denkmalschützer in Aktion traten und die Stadt dazu
brachten, Greenwich Village zu einer geschützten Zone zu
erklären, in der es strikte Auflagen in Bezug auf die Höhe
neuer Bauten gab.

Der unrühmliche Koloss, eine bereits vollendete Tatsache,
besaß ein Penthousestockwerk mit fünf Terrassenwohnungen.
Ich weiß natürlich, dass ein Penthouse eigentlich ein Einzelge-
bilde ist, aber ich kann nun einmal nichts für die Benennungs-
praktiken von Immobilienmaklern oder für die Wünsche und
Sehnsüchte der Leute. Inzwischen besitzt New York Wohn-
türme mit sage und schreibe vier – Sie können gern nach-
zählen, vier – ausgewiesenen Penthouse-Stockwerken. Ein
privater Bereich mit Kletterpflanzen und Blumen und einer
fabelhaften Aussicht ist nun einmal der Traum vieler Städter,
eine unausrottbare romantische Phantasievorstellung von Erfolg auf höchstem Niveau, die zu großen Teilen auf alte, noch
in Schwarzweiß gedrehte Hollywoodfilme zurückgeht, die
nicht etwa an Ort und Stelle, sondern in nachgemachten Sets
entstanden.

Jedenfalls wohnte ich in einer durchaus netten Zwei-Zim-
mer-Mietwohnung im fünften Stock des Kolosses, der die
Denkmalschützer auf den Plan gerufen hatte, als ein Buch, das
ich geschrieben hatte, mir einen Haufen Geld einbrachte. Ver-
ständlicherweise richtete sich mein Blick sofort nach oben,
und ich bat Nestor, unseren hart arbeitenden Hausmeister,
mir Bescheid zu geben, sobald eine Penthousewohnung frei
würde. Meine Beziehung zu Nestor war ausgezeichnet. Er be-

wunderte mein Geschick mit Zimmerpflanzen und ich wurde nie ausfällig, wenn er einmal vergaß, irgendeine Reparatur für mich zu erledigen, während ein berühmter Filmschauspieler, der ebenfalls im Haus wohnte und ebenfalls ein Penthouse wollte, für seine Temperamentsausbrüche bekannt war. Nestor hatte Probleme mit der Hüfte und sein Englisch ließ zu wünschen übrig, was für meine Geschichte relevant ist. Eines Tages verließ er während eines Streiks der Gebäudemitarbeiter die Streikpostenkette in der Lobby, humpelte auf mich zu und rief: „Er gestorben, er gestorben!" Es dauerte einen Augenblick, bis mir klar wurde, dass Nestor mir einen wertvollen Tipp gab, der mir den entscheidenden Vorsprung verschaffte, mir eine plötzlich zur Verfügung stehende Wohnung im obersten Stock zu sichern. Ich schluckte, packte die Gelegenheit beim Schopf, unterschrieb einen Vertrag, der meine Miete verdreifachte, und wurde Terrassengärtnerin.

1978, als ich meinen Adlerhorst bezog, rissen sich die Leute noch nicht darum, in der Nähe eines lauten Schlachthofbezirks zu leben, wo es nach Talg und Blut stank und vor Fliegen nur so wimmelte. Eine Großbäckerei, eine Eiscremeproduktion und eine stinkende Würstchenfabrik lagen ein Stück weiter die Straße runter. Ich erinnere mich immer noch an den unverkennbaren Geruch einer Tintenfabrik. Scheppernde Güterwaggons für die Fleischhauer pendelten auf einer Hochbahntrasse hin und her. Nachts konnte man in geparkten Lastwagen in der Nähe des gesperrten West Side Highway – ein Teil davon war eingestürzt – anonymen

Sex kaufen. Wenn ich abends mit dem Hund unterwegs war, gingen wir nie in diese Richtung.

Stadtviertel verändern sich. Meins verwandelte sich von einem Wildwest-Grenzgebiet zu „angesagt". Der Highway wurde wiedereröffnet, daneben wurde direkt am Ufer des Hudson ein Park angelegt, und die Schlachthäuser wichen trendigen Nachtclubs, Designerboutiquen, gläsernen Türmen mit Eigentumswohnungen und Spitzenrestaurants, für die die Leute von weither angefahren kamen. Die scheppernden Güterwaggons verschwanden, ein großer Teil der Hochbahntrasse wurde abgerissen, der Rest verwandelte sich in den kunstvoll gestalteten High Line Park, der Touristen aus aller Welt anzieht, und in jüngster Zeit bezog eins der städtischen Museen sein neues Domizil direkt am Ufer. Mein Haus wurde Mitte der 1980er-Jahre in Eigentumswohnungen umgewandelt, allerdings durften laut Gesetz 30 Prozent von uns weiterhin als Mieter in unseren mietpreisgebundenen Wohnungen bleiben. Weder damals noch zu irgendeinem Folgezeitpunkt hätte ich es mir leisten können, die Wohnung zu den durch die Decke schießenden Preisen auf dem Immobilienmarkt zu kaufen.

Jetzt kommt das Beste: Meine Penthousewohnung bietet einen phänomenalen Blick auf den Hudson, die sich ständig verändernde Stadtlandschaft Lower Manhattans, die Küste von Jersey und Sonnenuntergänge wie aus dem Bilderbuch. Ich kann die Phasen des Mondes beobachten und sogar den großen Wagen ausmachen, obwohl die hellen Lichter der Stadt den Nachthimmel verblassen lassen. Die meisten meiner Besucher bemerken meinen Garten nicht einmal, wenn sie auf die Terrasse treten. „Wow, was für eine Aussicht!", rufen sie, obwohl ich ihnen eigentlich eine Taglilie zeigen wollte.

Das Ego eines Terrassengärtners in luftiger Höhe ist – gigantisch. Das muss es im Kampf gegen eine feindliche, unnatürliche Umwelt auch sein. Meine Terrasse ist von drei Seiten her den Elementen ausgesetzt. Statt Erde habe ich rötlichbraune Steinplatten und metallene Abflussrohre unter den Füßen. Der Wind ist mein ungeliebter ständiger Gesellschafter. Ich habe ein Übermaß an Sonne und nur wenig Schatten. Wie alle Gärtner bin ich dankbar für Regen, bis ein launischer Frühling oder Sommer daherkommt, der nichts als Regen bringt. Meine sämtlichen Hoffnungen auf und Träume von üppigem Wachstum wurzeln in Kübeln, Trögen und Töpfen, die an einem einzigen heißen Sommertag geradezu beängstigend austrocknen können. Ständig zerre ich einen Schlauch durch die Gegend und entwirre seine Wirrungen, weil ein automatisches Bewässerungssystem (glauben Sie mir, ich hatte eins) kein Ersatz für ein aufmerksames Menschenwesen ist.

Einssein mit der Natur im Sinn von Ralph Waldo Emerson und Henry David Thoreau – das ist auf einer im Zickzack verlaufenden dreiseitigen Terrasse, die ich in fünfundsiebzig Sekunden hin und her abgehen kann, ohne mich zu beeilen, aber auch ohne den Blick auf etwas anderes zu richten als die Stoppuhr (was ich recherchehalber einmal gemacht habe), leider nicht zu haben. Hier die Dimensionen meines Reichs, von mir persönlich mit dem Zollstock ausgemessen: Etwa zweieinhalb Meter breit auf der kurzen Nordseite, wo Hortensien und Geißblatt wachsen und ich die Gartengerätschaften in einem Verschlag unter einem Überhang aufbewahre; knapp drei Meter breit auf der langen Westseite, wo es Rosen und Mädchenaugen, eine Bank und einen großen Tisch mit

Stühlen gibt; ziemlich genau anderthalb Meter breit auf der besten, der Südseite – weitere Rosen, Taglilien und ein Schmetterlingsstrauch –, die an die Nachbarterrasse grenzt. Auf dem Höhepunkt meiner schwindelerregendsten, ehrgeizigsten Träume wurden die Zickzackecken von drei Birken, einem Zwerg-Pfirsich und einem Zierapfel bewohnt, und Wilder Wein und eine Kletterrose verdeckten einen beträchtlichen Teil der Backsteinmauern.

Bauliche Veränderungen der Fassade des Gebäudes, die hierorts in regelmäßigen Abständen durchgeführt werden, haben meinem Garten herbe Rückschläge versetzt. Insgesamt drei Sommer lang hatte ich tagsüber keinerlei Zugang zur Terrasse, weil sie als Bühne für diverse Arbeitstrupps mit Abspannseilen, Flaschenzügen und Teerfässern beschlagnahmt worden war. Der Wilde Wein wurde von der Mauer gerissen, meine Kletterrose wurde in Stücke gehackt. Die riesigen Holzbottiche mit meinen Bäumen wurden so lange hierhin und dorthin gezerrt, bis sowohl Bottiche als auch Bäume kurzerhand zerhackt und entsorgt wurden. Bei Sonnenuntergang, wenn die Arbeiter weg waren, schlich ich mich hinaus, kroch vorsichtig, um nicht garrotiert zu werden, unter den Abspannseilen durch und wässerte, was von meinen Schätzen noch übrig war. Aber trotz meiner Qualen und Frustrationen während dieser schlimmen Zeiten gab es immer auch meine unerschütterliche Entschlossenheit, den Garten wieder schön zu machen.

Meine schlimmste Herausforderung war der Winter 2014/2015, der kälteste, den der Nordosten seit 65 Jahren erlebt hatte, eine unbarmherzige Dauerattacke von Schnee-, Regen und Eisstürmen, auf die ein deprimierender Nicht-Frühling aus Tauwetter und neuerlichen Frosteinbrüchen folgte. An der ganzen Ostküste beherrschte das Wetter die Nachrichten. Ich war stolz, das Ganze überlebt zu haben, ohne in eine Schneewehe zu stürzen und mir das Handgelenk zu brechen, aber als ich mich endlich auf die Terrasse hinauswagte, an die ich monatelang nicht einmal gedacht hatte, stellte sich schnell heraus, dass viele meiner Lieblinge den Winter nicht überstanden hatten. Ich selbst war gerade achtzig geworden, und die Aussicht, praktisch noch einmal ganz von vorn anfangen zu müssen, war extrem niederschmetternd.

Aber was blieb mir anderes übrig? Ich fing noch einmal von vorn an. Noch war ich nicht bereit, mich in Demut geschlagen zu geben.

Ja, ich besitze eine private grüne Oase in einer von Konkurrenzdenken geprägten Stadt, einen Ort, an dem ich in der Erde herumwühlen, vor mich hinpusseln, pflanzen, gießen, düngen, schneiden, zurückstutzen und vorsichtig zurücktreten kann, um mein Werk aus eingeschränkten Blickwinkeln zu bewundern, aber ich würde nicht behaupten, dass es eine Oase des Friedens ist. Vielmehr ist der Garten eine ewige Herausforderung in einer unnatürlichen Umgebung. Ich finde es immer noch erstaunlich, wie viele kleine Lebewesen mein grüner Bereich anlockt: Wanderfalter und Zugvögel stehen ganz oben auf der Liste der Besucher; Blattläuse, Ameisen und Bienen ganz unten. Mir ist bewusst, dass ich sogar lächle, wenn ich die schwersten Arbeiten verrichte. Tatsächlich lächle ich immer, wenn ich auf meiner Terrasse bin, und meistens erledige ich dann irgendwelche Arbeiten. Obwohl ich kein spiritueller Mensch bin, hat mein Garten mir viele Augenblicke reinster Glückseligkeit geschenkt: wenn ich eine Karotte aus der Erde ziehe; einen reifen Pfirsich pflücke; in der Paarungszeit im Herbst dem nächtlichen Zirpen der Grillen lausche oder morgens von einer neu aufgeblühten Rose begrüßt werde.

Neue Technologien haben meine Gartengewohnheiten verändert. Mit der Zeit haben Kunststoffbehälter meine speziell angefertigten Rotholztröge ersetzt, die anders als versprochen kein ganzes Leben hielten. Inzwischen pflanze ich alles und jedes in eine leichte, sterile, mit Perlit durchsetzte Blumenerde, das Ende einer langen Bekanntschaft mit sich ringelnden Regenwürmern. Ich besuche die wie Pilze aus dem Boden schießenden Internetseiten für Gärtner und stelle fest, dass sie oft hilfreicher sind als meine Bibliothek gewichtiger Nachschlagewerke. Heutzutage finde, ordere und bezahle ich neue Pflanzen für gewöhnlich mit ein paar Klicks, obwohl es immer noch nichts Schöneres gibt, als in den gedruckten Katalogen herumzustöbern, die per Post eintrudeln. Ich knicke Eselsohren in die Seiten, pappe Post-its hinein, umkringele interessante Pflanzen mit Textmarker und beschließe die Transaktion mit einem freundlichen telefonischen Schwatz mit einem real existierenden Menschen. Möge es immer real existierende Menschen geben! Und ich werde es nie müde, Bücher über die Gärten anderer Leute zu lesen.

Mein Garten fesselt mich intellektuell und emotional. Er ist eine nie endende Herausforderung, weil irgendetwas immer schiefgehen kann. Aber, wenn alles gutgeht …

Peter Würth

Ein soziales Wesen

Man muss einen Garten als ein Lebewesen begreifen. Als ein Lebewesen mit eigenem Willen, das Nahrung braucht, Wärme, Energie – und Liebe. Ein Wesen, das nimmt und gibt. Ein Wesen, das geboren wird durch die Hand eines Gärtners (oder natürlich einer Gärtnerin), der die Natur ein wenig ordnet, auf dass der Mensch sich darin zurechtfinde. Ein Wesen, das eines Tages stirbt, weil ihm Nahrung und Zuneigung verwehrt werden, oder das zumindest in eine andere, grundsätzlichere, archaischere Lebensform zurückkehrt. Als „verwildertes" Stück Land, zurückerobert von den freien Kräften der Natur. Staub zu Staub, Erde zu Erde.

Wenn man Gärten tatsächlich einmal so betrachtet – und damit auch als eigenständige Persönlichkeiten –, erschließen sich Zusammenhänge mit einem Mal neu, verstehen wir Vieles, was in unseren Gärten passiert, vielleicht viel besser. Auch und vor allem dann, wenn sie uns nicht gehorchen, tun, was sie wollen: uns überraschen, ja überrumpeln mit Kraft und Übermut, mit Verzagtheit und Schüchternheit, mit Temperamentsausbrüchen nach der einen wie der anderen Seite.

Wenn der Rasen binnen Tagen in die Höhe schießt und die Obstbäume Früchte verweigern. Wenn die Chrysanthemen kümmern, während das Unkraut prachtvoll gedeiht. Wenn die Schnecken ein Festmahl feiern und die Radieschen vertrocknen. Wenn der Johannisbeerstrauch unter der Last seiner roten Perlen ächzt – erinnert der Garten dann nicht an einen widerspenstigen Teenager, der gerade seinen eigenen Weg findet und in dessen Gehirn sich gerade Synapsen neu verkoppeln, die Hormone verrückt spielen?

Einen Teenager, der einem das Leben schwer macht und den man trotzdem unglaublich liebt. Gerade, weil er nicht einfach funktioniert, sondern Macken hat und einen unverwechselbaren Charakter, der ihn – zumindest für einen selbst – aus der Masse heraushebt.

Der Garten hat aber, wie andere Lebewesen, auch eine wesentliche soziale Funktion. Er ist Teil eines sozialen Netzwerks. Und das gleich in doppelter Weise. Zum einen „agiert" er mit Seinesgleichen: Man tauscht sich aus, stellt Verbindungen her, reagiert auf den anderen. Da fallen Früchte und Samen auf fremden Grund und produzieren Nachwuchs (ja, so was soll es auch bei Menschen geben. Angeblich ähnelt jedes zehnte Kind, statistisch gesehen, recht auffällig dem Nachbarn). Da wachsen Äste über Zäune hinweg, geben, manchmal sehr unerwünschten, Schatten und hinterlassen im Herbst ihre welken Blätter. Da streckt sich der Giersch gierig von Garten zu Garten, bis niemand mehr weiß, wo er seinen Anfang nahm. Da wurzelt die Kastanie frech in fremder Erde. Eichhörnchen transportieren ihre Beute unverzollt quer über Landesgrenzen und die Bienen bestäuben ungewollt alles, was gut riecht (Hallo Männer, war da was?).

Kein Garten steht für sich alleine, kein Garten würde alleine wirklich gedeihen können. Er braucht den Nachbarn, den Freund, den Partner, der ihn ergänzt, ihm gibt, was er selbst nicht hat. Es ist durchaus ein gerechter Austausch, denn der Garten nimmt nicht nur, er gibt ja auch ab, ohne eifersüchtige Bedenken. Er befruchtet im wahrsten Sinne des Wortes seine Umgebung und bereichert seinen Besitzer, dem er großzügig Geborgenheit, Schutz, Schönheit, Obst, Gemüse oder Düfte offeriert.

Und für den er noch eine wichtige soziale Funktion erfüllt. Ein Garten ist ja auch ein Ort, an dem sich Menschen versammeln, um sich an ihm und untereinander zu erfreuen. Wer erinnerte sich nicht mit Vergnügen an die lange Tafel unterm Kirschbaum, festlich gedeckt, beladen mit köstlichem Essen, reifen Früchten, kühlem Weißwein oder Rosé? Eine Taufe, Hochzeit oder Geburtstagsfeier im Hochsommer, mit nackten Füßen im Gras, plaudernd, singend, lachend. Ein bisschen beschwipst, flirtend, mit der einen Hand die Wespen verscheuchend, mit der anderen Hand gestikulierend, weit ausholend von fernen Abenteuern erzählend, in der Dämmerung dann ein wenig fröstelnd, die Jacke über die Schultern gelegt, aber gar nicht mehr aus diesem Idyll weichen wollend. „Zum Augenblicke dürft' ich sagen: Verweile doch, du bist so schön!"

Zu verdanken haben wir dieses Glück dem Garten, der uns die ideale Kulisse bietet. Eine grüne Plattform für uns selbst als soziale Wesen. Ein geschützter Raum, in dem wir entspannt und aktiv mit den Kindern spielen, mit Freunden feiern können. Kaum lassen die Frühjahrstemperaturen es zu, wird der Grill angeworfen, werden die Nachbarn eingeladen, wird der Winter ausgetrieben. Viele leben den Sommer über quasi im Garten, machen ihn zum Mittelpunkt ihres Alltags. Da er sich ständig verändert, wahrlich lebt, wird es seinen Besitzern und ihren Freunden nie langweilig, ständig wechseln die Farben, das Licht, die Gerüche, die Geräusche. Welches noch so perfekt durchgestaltete Wohnzimmer könnte da mithalten? Der Garten gibt uns Freiraum und Freiheit, er fordert uns heraus, will, dass wir uns mit ihm beschäftigen wie mit einem guten Freund und manchmal auch wie mit einem bockigen kleinen Kind.

So einen lebendigen Garten kann nichts ersetzen. Ganz sicher auch nicht ein neues virtuelles Leben im globalen digitalen Imperium, auch wenn sich das noch so oft „sozial" nennt.

Alle reden ja heute vom social web, den communities, den neuen Gemeinschaften, die im digitalen Netz entstehen, von Facebook-„Freunden" und Interessengruppen. Wir erleben eine neue Dimension des Miteinander über einst unüberbrückbare Entfernungen: kostenlose Videotelefonie ans andere Ende der Welt, Bilder, die in Sekundenschnelle um den Erdball rasen. Wir können uns im Netz zu Interessengemeinschaften zusammenschließen, gemeinsame Erfahrungen teilen, uns organisieren. Und viele von uns können jetzt arbeiten, wo sie wollen – im Zweifelsfall auch im Garten, angehängt an die lange Leine der bits und bytes. Das sind, allen Risiken zum Trotz, unglaubliche Möglichkeiten, die sich da auftun. Chancen ohne Ende. Entwicklungen, die die Welt so grundlegend verändern wie die Erfindung der Glühbirne oder des Autos. Aber das Eine muss und darf das Andere nicht verdrängen. Die digitale Welt braucht ihr analoges Pendant als Gegengewicht. Und was wäre analoger als das unberechenbare, eigensinnige Lebewesen Garten?

Citrus Limonum Risso.

Marie Luise Kaschnitz

Augustgarten

10. August

Der Garten in B. im Augustlicht, das so einzigartig ist, weil es das Metall des Herbstes, auch die Klarheit des Herbstes schon in sich trägt. Dazu gibt es in diesem Monat mehr Farben als in jeder anderen Jahreszeit, die rosa, weißen und blauen Sommerblumen sind noch immer da, während die gelben und roten Herbstblätter bereits erscheinen. Rosa und weißer Phlox, weißer und tiefblauer Rittersporn, blaue Lupinen, rosa und blaurote Rosen und daneben schon die kräftig riechenden, um nicht zu sagen stinkenden Tagetes, gelbrot, Zinnien in allen Farben, gelbe und rote Dahlien und die ersten Sonnenblumen noch erhobenen Hauptes am aufgereckten Stengel. Heiße, aber schon kürzere Hochsommertage, die man festhalten möchte, aber nicht festhalten kann, nicht einmal sagen, was so beglückend ist an all dieser wilden Blüte, den Lichtfluten über geschorenen Rasenflächen, den feinen Schatten, die am Nachmittag die Rabattenrosen auf den Sandweg werfen. In der sogenannten Pferdelaube sitze ich, lasse meine Blicke wandern, registriere die Bäume des Gartens, den alten unter seinem Efeubelag langsam sterbenden Birnbaum, die junge, schwarzblättrige Trauerulme, die alten, schon ein wenig schütteren Hainbuchen, die junge Eiche, die junge Katalpa, den alten Apfelbaum, der mit zahllosen winzigen Äpfelchen im nahezu blattlosen Gezweig seinen letzten Sommer erlebt. Den Perückenstrauch mit seinen grauseidenen Haarbüscheln, den Ginkgo mit dem zweigeteilten, dem Goetheschen Liebesblatt, die Trauerweide, die ebenfalls noch jung ist, aber gewaltig, auch gar nicht traurig, sondern komisch strukturlos, wie gewisse Hunde, die Kopf, Rücken, Beine, Schwanz unter einer lang herabhängenden Felldecke verstecken. Nachmittag im August, großes Glücksgefühl, und doch keine Möglichkeit mehr, ah und oh zu schreien, nur zu sagen, was da ist und wie man selbst da ist, halb lahm, aber gesund, auf einem weißen Gartenstuhl, und das Herz vor Freude zuckend, aber ein Gedicht wird daraus nicht, heute nicht mehr. Zum ersten Mal sind in diesem Jahr die beiden breiten Mittelrabatten nicht mit Stauden, sondern mit einer Polyantharose bepflanzt, Name Betty Prio, grellrosa, fast bestürzend, aber eine Hochsommerlust ohnegleichen, während die schon erwähnten kranken Hoflinden November spielen, nur daß an einigen Zweigen, tief unten verwunderlicherweise, ganz neue Blätter treiben, jung, lichtgrün, zart.

Karel Čapek

Der Gärtner im November

Noch ein Weilchen und wir erweisen unserem Garten den letzten Dienst. Noch lassen wir den einen oder anderen Herbstfrost vorübergehen, und dann betten wir den Garten in grünes Reisig, biegen die Rosenstöcke nieder, umgeben ihre Hälschen mit Erde, schichten duftendes Fichtenreisig darüber, und dann gute Nacht. Gewöhnlich deckt man mit dem Reisig noch allerlei andere Sachen zu, wie das Taschenmesser oder die Pfeife; im Frühjahr, wenn man das Reisig abnimmt, feiert man mit allem Wiedersehen.

Aber noch sind wir nicht so weit, noch haben wir nicht aufgehört zu blühen, noch blinzelt uns die Allerseelenaster mit ihren violetten Augen an, noch blühen Himmelsschlüssel und Veilchen zum Zeichen, dass auch der November seinen Frühling hat, und die Indische Chrysantheme (so benannt, weil sie nicht aus Indien, sondern aus China stammt) lässt sich weder durch das schlechteste Wetter noch durch die politischen Verhältnisse davon abhalten, ihren ganzen zarten und ungeheuren Reichtum an Blüten, fuchsroten und weißlichen, goldenen und brünetten, auszugeben. Auch die Rose blüht noch zum letzten Mal. Königin, sechs Monate hast du geblüht; gewiss bist du das deiner Stellung schuldig.

Und dann – blüht noch das Laub: gelbes Herbstlaub, purpurnes, fuchsrotes, orangefarbiges, knallrotes und dunkelbraunes, leuchten rötliche, orangefarbige, schwarze und

154

blaue bereifte Beeren und das gelbe, rötliche und helle Holz der kahlen Äste. Noch sind wir nicht fertig. Selbst wenn alles unter der Schneedecke liegt, sind die dunkelgrünen Stechpalmen mit ihren feurigroten Früchten, die schwarzen Kiefern, Zypressen und Eibenbäume da; das nimmt nie ein Ende.

Ich sage euch, es gibt keinen Tod, nicht einmal einen Schlaf. Wir wachsen nur aus einer Zeit in die andere. Wir müssen mit dem Leben Geduld haben, denn es ist ewig.

Aber auch ihr, die ihr kein Beet eigener Erde im Weltall besitzt, könnt euch in dieser herbstlichen Zeit vor der Natur beugen: Ihr könnt Zwiebeln von Hyazinthen und Tulpen in Blumentöpfe einsetzen, damit sie euch im Laufe des Winters entweder erfrieren oder aufblühen. Das macht man so: Man kauft die entsprechenden Zwiebeln und dazu beim nächsten Gärtner einen Sack voll guter Gartenerde. Dann sucht man im Keller und auf dem Boden alle alten Blumentöpfe zusammen und gibt in jeden eine Zwiebel. Schließlich wird man gewahr, dass man zwar noch einige Zwiebeln, aber keine Töpfe mehr hat. Also kauft man Blumentöpfe, worauf man feststellt, dass man zwar keine Zwiebeln mehr, dafür aber Blumentöpfe und Erde übrig hat. Also kauft man noch ein paar Zwiebeln; weil aber wieder die Erde nicht ausreicht, verschafft man sich noch ein Säckchen Erde. Dann bleibt wieder Erde übrig, die man natürlich nicht wegwerfen will, weshalb man lieber noch einige Blumentöpfe und Zwiebeln dazukauft. Auf diese Weise geht das fort, bis die Hausgenossen Einspruch erheben. Hierauf stellt man die Blumentöpfe in die Fenster, auf Tische und Schränke, in die Vorratskammer, in den Keller und auf den Dachboden und blickt vertrauensvoll dem kommenden Winter entgegen.

 Quellen

Paula Almqvist, Vom Gartenleben
Aus: Paula Almqvist, Mitteilungen aus meinem Garten, © Schöffling & Co. Verlagsbuchhandlung GmbH, Frankfurt am Main 2011

Elizabeth von Arnim, Auszug aus: Elizabeth und ihr Garten. Roman.
Aus dem Englischen von Adelheid Dormagen. © Insel Verlag
Frankfurt am Main 1987. Alle Rechte bei und vorbehalten durch
Insel Verlag Berlin

Doris Bewernitz, Tag der Biene & Vom Finden eines Gartens
Doris Bewernitz, Wo die Seele aufblüht, © 2018 Verlag am Esch-
bach in der Verlagsgruppe Patmos der Schwabenverlag AG, www.
verlag-am-eschbach.de, ISBN 978-3-86917-603-1 Ostfildern

Ilse Gräfin von Bredow, Auszug aus: Bei uns zu Haus.
© S. Fischer Verlag GmbH, Frankfurt am Main 2014

Susan Brownmiller, Hallo, Terrasse
Aus: Susan Brownmiller, Mein New Yorker Hochhausgarten, Aus
dem Englischen von Brigitte Walitzek, © Schöffling & Co. Verlagsbuchhandlung GmbH, Frankfurt am Main 2018

Hermann Hesse, Dem Sommer entgegen
Aus: Hermann Hesse, Sämtliche Werke in 20 Bänden. Herausge-
geben von Volker Michels. Band 13: Betrachtungen und Berichte
1899-1926. © Suhrkamp Verlag Frankfurt am Main 2003. Alle
Rechte bei und vorbehalten durch den Suhrkamp Verlag Berlin

Marie Luise Kaschnitz, Augustgarten,
Aus: Marie Luise Kaschnitz, Gesammelte Werke in sieben Bänden.
Band 3: Die autobiographische Prosa II. © Insel Verlag, Frankfurt

am Main 1982. Alle Rechte bei und vorbehalten durch Insel Verlag
Berlin

Johanna Romberg, Singstunde mit Rotkehlchen
Aus: Johanna Romberg, Federnlesen, © Bastei Lübbe AG, 2018
Köln, S. 23-36. Mit freundlicher Genehmigung von Bastei Lübbe AG.

Meir Shalev, Glücksmomente
Meir Shalev, Mein Wildgarten. Aus dem Hebräischen von Ruth
Achlama © 2017 Diogenes Verlag AG Zürich

Robert Walser, Der Greifensee
Aus: Robert Walser, Sämtliche Werke in Einzelausgaben. Herausge-
geben von Jochen Greven. Band 2: Geschichten. Mit freundlicher
Genehmigung der Robert Walser-Stiftung, Bern. © Suhrkamp
Verlag Zürich 1978 und 1985.

Walt Whitman, Die Tore öffnen sich, © der deutschen Übersetzung
Götz Burghardt

Susanne Wiborg, Die Qual der Vorfreude
Susanne Wiborg, Gäste in meinem Garten. Bienen, Amseln, Huhn
und Star. © Verlag Antje Kunstmann GmbH, München 2019

Peter Würth, Ein soziales Wesen,
Aus: Peter Würth, Alles auf Grün, © Schöffling & Co. Verlagsbuchhandlung GmbH, Frankfurt am Main 2012

Wir danken den Autor:innen und Verlagen für die freundliche
Abdruckgenehmigung.

161. Quercus
pedunculata Ehrhart.

161. Quercus
pedunculata Ehrhart.